OS MISTÉRIOS DO UNIVERSO

TEOLOGIA SEGUNDO A ÓTICA ESPÍRITA

Solicite nosso catálogo completo, com mais de 350 títulos, onde você encontra as melhores opções do bom livro espírita: literatura infantojuvenil, contos, obras biográficas e de autoajuda, mensagens espirituais, romances palpitantes, estudos doutrinários, obras básicas de Allan Kardec, e mais os esclarecedores cursos e estudos para aplicação no centro espírita – iniciação, mediunidade, reuniões mediúnicas, oratória, desobsessão, fluidos e passes.

E caso não encontre os nossos livros na livraria de sua preferência, solicite o endereço de nosso distribuidor mais próximo de você.

Edição e distribuição

EDITORA EME
Caixa Postal 1820 – CEP 13360-000 – Capivari – SP
Telefones: (19) 3491-7000 | 3491-5449
Vivo (19) 9 9983-2575 😊 | Claro (19) 9 9317-2800
vendas@editoraeme.com.br – www.editoraeme.com.br

JOSÉ NAUFEL

OS MISTÉRIOS DO UNIVERSO

TEOLOGIA SEGUNDO A ÓTICA ESPÍRITA

Capivari-SP
– 2019 –

© 2018 José Naufel

Os direitos autorais desta obra foram cedidos pela família do autor para a Editora EME, o que propicia a venda dos livros com preços mais acessíveis e a manutenção de campanhas com preços especiais a Clubes do Livro de todo o Brasil.

A Editora EME mantém o Centro Espírita "Mensagem de Esperança" e patrocina, junto com outras empresas, instituições de atendimento social de Capivari-SP.

1ª reimpressão – fevereiro/2019 – de 2.001 a 4.000 exemplares

CAPA | André Stenico
PROJETO GRÁFICO E DIAGRAMAÇÃO | Marco Melo
REVISÃO | Letícia Rodrigues de Camargo

Ficha catalográfica

Naufel, José, 1929-2014
    Os mistérios do Universo – Teologia segundo a ótica espírita / José Naufel – 1ª reimp. fev. 2019 – Capivari-SP: Editora EME.
    240 p.

    1ª ed. nov. de 2018
    ISBN 978-85-9544-083-8

1. Espiritismo. 2. Teologia espírita. 3. Bíblia.
4. Reencarnação.
I. TÍTULO.

CDD 133.9

Sumário

Prefácio 9

Capítulo I
  Que é teologia 11
  Objeto da teologia 13
  Fontes da teologia 15

Capítulo II
  A revelação 21

Capítulo III
  Deus e a revelação 27
  O conhecimento de Deus 27
  A ideia de Deus 32
  O ateísmo 34
  Concepções da divindade 35
  Provas da existência de Deus 38
  Atributos da divindade 41
  A Providência Divina 42
  Panteísmo 44

Capítulo IV

Da criação 47
O estudo da criação 47
A narrativa bíblica da criação 47
Teorias científicas da gênese do Universo 50
A colocação teológica espírita 54

Capítulo V

Matéria e espírito 63
Espírito e alma 65
Criação do espírito 70
A origem do espírito 72
A evolução do princípio espiritual 73

Capítulo VI

Da pluralidade dos mundos habitados 77
Vida inteligente extraterrestre segundo
a teologia espírita 82

Capítulo VII

As diversas categorias de mundos habitados 89
Destinação da Terra – causas das
misérias humanas 92
Instruções dos espíritos 94
Mundos inferiores e mundos superiores 94
Mundos de expiações e de provas 98
Mundos regeneradores 100
Progressão dos mundos 102

Capítulo VIII

Da criação dos seres vivos 105
Quando surgiram as espécies na Terra 106
Surgimento do homem na Terra 107

A elucidação teológica espírita...............................110
Os elementos orgânicos antes da formação
da Terra...112

Capítulo IX
O povoamento da Terra, a diversidade de raças e a
evolução dos povos...121

Capítulo X
Da pluralidade das existências – a reencarnação.........129

Capítulo XI
A reencarnação à luz do Evangelho.......................139

Capítulo XII
Espíritos puros ou anjos – Cristos Cósmicos 147

Capítulo XIII
A alma depois da morte....................................155

Capítulo XIV
Erraticidade e espíritos errantes 163

Capítulo XV
Percepções, sensações e sofrimentos dos espíritos......171
As relações no além-túmulo.................................175
O estado e a vida do espírito depois da morte........177

Capítulo XVI
Santos, anjos e demônios 181

Capítulo XVII
Jesus, o Logos do princípio...............................187

Capítulo XVIII
Jesus, o Cristo..197

Capítulo XIX
Jesus, o Nazareno 203

Capítulo XX
Jesus, o filho do Homem 211

Capítulo XXI
A ressurreição e a ascensão de Jesus 217

Capítulo XXII
Maria, Jesus e José: a sagrada família.......................223
O casamento entre os judeus 224
Os evangelhos sinóticos 224
Os evangelhos gnósticos 226
O tema da virgindade de Maria....................................227
José, o carpinteiro...232

Capítulo XXIII-
O Consolador 233

Prefácio

NÃO TEMOS, ATÉ AGORA, um compêndio de teologia espírita. Os livros de teologia de que dispomos são de outras óticas, o que dificulta o seu estudo pelo espírita.

Há muitas questões de difícil elucidação, como a da Santíssima Trindade, que é um tormento para os próprios teólogos católicos, como aconteceu com Santo Agostinho, a quem uma criança disse ser mais fácil pôr toda a água do mar num pequeno buraco do que ele entender o mistério da Santíssima Trindade.

Outras questões não se esclarecem mesmo pesquisando-se a Bíblia, como a encarnação do verbo, a descida vibratória, a ressurreição e a ascensão de Jesus, o Cristo.

A origem dos espíritos, a individualidade cósmica e a personalidade de que se revestem em cada encarnação são outros temas cuja solução tem de ser buscada exclusivamente na revelação espírita.

Na teologia segundo a ótica espírita encontramos a

verdadeira compreensão do que sejam os anjos. Eles não são, nem poderiam ser criaturas privilegiadas, que desde o início faziam parte do mundo celeste, não tendo passado pelo estado de simplicidade e ignorância, nem feito a evolução a que todos são obrigados. São, sim, espíritos de origem igual à de todos os outros, que passaram por toda a escala evolutiva até alcançar o estado de espíritos puros.

Ela nos revela também como se deu o povoamento da Terra e nos diz a verdade sobre Adão e Eva e o paraíso perdido.

Enfim, a teologia espírita nos desvenda os mistérios do Universo, a pluralidade e a hierarquia dos mundos, bem como a pluralidade das existências, desfazendo o mito do céu e inferno e expondo a verdade sobre a vida depois da morte.

E, o que é mais importante, nos traz a certeza da justiça divina e da bondade do Pai, que abre diante de nós a larga estrada da evolução, para alcançarmos a felicidade eterna.

José Naufel

Capítulo I

QUE É TEOLOGIA

1. TEOLOGIA SE COMPÕE etimologicamente de *Théos* = *Deus* e *Lógos* = *palavra, verbo,* ou, num sentido mais amplo, *discurso, estudo*. Teologia, portanto, é o estudo de Deus, a ciência de Deus, ou a ciência do divino.

A teologia tem objeto amplo, compreendendo principalmente o estudo das questões referentes ao conhecimento de Deus, de Seus atributos, de Sua criação e das leis que regem o Universo, o homem e seu destino, quer durante a vida material, quer no plano espiritual, antes do nascimento e após a morte.

2. A teologia, como ciência que tem por objeto o estudo de Deus, ou melhor, a tentativa de sua compreensão pelo homem dentro dos limites da inteligência humana, não pode ser restrita ao entendimento de quem quer que seja, homem, religião ou escola.

Ela assume diversos aspectos, colorações as mais variadas, segundo os fundamentos da sua concepção. Temos, assim, a teologia segundo a ótica católica, segundo a ótica protestante, segundo a ótica budista, segundo a ótica espírita, segundo a ótica islâmica etc.

Neste livro, nós a estudaremos e desenvolveremos segundo a ótica espírita, ou seja, a teologia fundada nos princípios da revelação espírita. Poderíamos, assim, denominá-la **teologia espírita** ou **teologia kardequiana,** mas preferimos designá-la simplesmente por **teologia,** para manter coerência com o que sustentamos acima.

3. As religiões têm concebido a teologia de acordo com os princípios em que se alicerçam, o que dá a impressão de haver várias teologias. Se a teologia é a ciência do divino, tem de ser única.

Como ciência é uma só e cada um dos seus ramos é único também.

Do mesmo modo, a física é una, embora concebida sob diversos ângulos. Temos, do ponto de vista teórico e conceptual, a *física newtoniana* (baseada nos *principia mathematica* de Newton, contendo os princípios fundamentais da mecânica clássica), a física *relativista* (aquela cujos adeptos adotam a *Teoria da Relatividade* como postulado básico) e a física *quântica* (cujos seguidores a desenvolvem segundo a *Teoria Quântica*). Mas o fato de os cientistas adotarem teorias básicas diferentes não significa que haja mais de uma física, pois, nem por isso, como ciência, ela deixa de ser uma só.

4. O mesmo acontece com a teologia. Ela é uma só. O que varia é a ótica segundo a qual é concebida, porquanto ao teólogo é dado possuir sua própria ótica.

Temos, assim como já assinalamos, a teologia segundo a ótica católica, a protestante, a islâmica, a budista etc., conforme a religião ou o sistema filosófico em relação ao qual ela é concebida.

A doutrina espírita possui a sua concepção teológica, que constitui a *teologia segundo a ótica espírita*.

Apesar de a teologia ser uma só, usaremos frequentemente, para fins didáticos, apesar de sabê-las impróprias, as expressões teologia espírita, teologia católica, teologia islâmica etc., unicamente para assinalar a origem da sua concepção.

OBJETO DA TEOLOGIA

5. O objeto da teologia, segundo a ótica espírita, compreende o estudo:

1º) da divindade, do ponto de vista ontológico, dos seus atributos e das provas da sua existência;

2º) da revelação divina;

3º) da criação no plano maior: da formação dos mundos, dos elementos gerais do Universo e das leis que o regem; da pluralidade dos mundos habitados;

4º) da criação dos seres vivos e da lei da evolução;

5º) dos Cristos Cósmicos (Galácticos, Estelares e dos Cristos Planetários);

6°)   dos anjos e demônios; dos espíritos em geral tanto dos encarnados quanto dos que vivem no plano extrafísico;
7°)   dos espíritos encarnados no plano material, da lei da reencarnação e da lei do progresso;
8°)   da ressurreição;
9°)   da doutrina das penas e das recompensas futuras;
10°) da lei natural, da providência e da justiça divinas.

6. Vemos, portanto, que a teologia não tem por objeto tão somente o estudo de Deus na sua essência e nos seus atributos. Compreende também o estudo da criação divina, de tudo o que se relaciona com ela e com os princípios que regem sua evolução.

A criação abrange todo o Universo, as galáxias, os impérios estelares, os mundos e sua hierarquia, os prepostos do Pai no plano da criação maior, encarregados também de guiar as humanidades de cada globo pelas sendas da evolução.

Compreende o estudo dos anjos, da comunidade dos espíritos puros, dos cristos planetários, inclusive o do planeta Terra, que desceu à carne na pessoa de Jesus de Nazaré. O estudo da progressão dos mundos, das recompensas, das penas e dos processos educativos para encaminhamento dos espíritos nos caminhos da evolução, refazendo a concepção de céu e inferno, numa visão racional e concorde com a doutrina espírita, que nos proporciona nova ótica da justiça divina.

Os elementos gerais do Universo constituem importante capítulo da teologia. O espírito e a matéria submetidos ao império da lei divina ou natural. A gênese do espírito e da vida material. A reencarnação como meio de progresso espiritual e material. A ressurreição entendida no seu verdadeiro sentido. O melhor entendimento do que sejam os chamados *juízo particular* e *juízo final*, explicitando que este, na realidade, não é final, mas apenas intermediário, na sua verdadeira acepção, ou seja, a de juízo coletivo de cada humanidade planetária ao fim de cada ciclo evolutivo.

FONTES DA TEOLOGIA

7. A **revelação natural** constitui uma das fontes teológicas. Deus se dá a conhecer a todos os homens pela reflexão racional. O homem possui o conhecimento inato da divindade. A ordem e a harmonia que ele observa no Universo, a permanência e a imutabilidade das leis que o regem induzem-no a reconhecer a existência de uma causa primária, inteligente e sábia.

Para Santo Agostinho, Deus deu a razão ao homem para que ele conheça todas as coisas. O Universo é efeito e não há efeito sem causa. Logo, existe uma causa incausada, perfeita e onipotente, que é Deus.

Por outro lado, todo homem tem a consciência, que lhe indica o bem e o mal. Por isso, os espíritos disseram que a lei divina está escrita na consciência.[1] Nós, em virtude do livre-arbítrio, podemos cumpri-la, rejeitá-la ou infringi-la. Quando optamos por uma das duas últimas al-

---

1.   LE, 621

ternativas ou por ambas, violentamos a consciência, o que constituirá causa de dissabores no presente ou no futuro.

8. A *principal fonte* da teologia, porém, é a **revelação divina**, assim compreendida a manifestação de Deus às Suas criaturas. Isto não significa rigorosamente que Deus desça até nós ou que nos fale diretamente. Ele usa dos meios adequados, extremamente variados, para nos trazer seu ensino.

Mas, mesmo assim, cabe perguntar: haverá revelações diretas de Deus aos homens?

Kardec confessa que essa é uma questão que não ousaria resolver, nem afirmativamente, nem negativamente, de maneira absoluta. "O fato não é radicalmente impossível – acrescenta – porém, nada nos dá dele prova certa. O que não padece dúvida é que os espíritos mais próximos de Deus se imbuem do Seu pensamento e se encarregam de transmiti-lo."

9. Acontece, porém, que, quando esses mensageiros diretos falam em Seu nome, são às vezes tomados pelo próprio Deus. Só os espíritos puros recebem sua palavra com a missão de transmiti-la. A lei do Decálogo tem todos os caracteres da sua origem divina, mas o mesmo não acontece com as outras leis mosaicas, que são humanas, transitórias e falhas. Enquanto estas caíram, o Decálogo ficou sempre de pé, como farol da Humanidade. O Cristo fez dele a base do seu edifício, abolindo as outras leis[2].

---

2. Cf. *A Gênese*, capítulo I, itens 9 e 10.

Os mistérios do Universo | 17

10. Outra fonte de grande importância é a **revelação espírita**.

Por sua natureza, a **revelação espírita** (como fonte da teologia)[3] tem duplo caráter: participa ao mesmo tempo da revelação divina e da revelação científica. Participa da primeira, porque foi providencial o seu aparecimento e não o resultado da iniciativa, nem de um desígnio premeditado do homem; porque os pontos fundamentais da doutrina provêm do ensino que deram os espíritos encarregados por Deus de esclarecer os homens acerca de coisas que eles ignoravam, que não podiam aprender por si mesmos e que lhes importa conhecer, hoje que estão aptos a compreendê-las. Participa da segunda, por não ser esse ensino, privilégio de indivíduo algum, mas ministrado a todos do mesmo modo; por não serem os que o transmitem e os que o recebem seres *passivos*, dispensados do trabalho da observação e da pesquisa, por não renunciarem ao raciocínio e ao livre-arbítrio; porque não lhes é interdito o exame, mas, ao contrário, recomendado; enfim, porque a doutrina não foi *ditada completa, nem imposta à crença cega*; porque é deduzida, pelo trabalho do homem, da observação dos fatos que os espíritos lhe põem sob os olhos e das instruções que ele estuda, comenta, compara, a fim de tirar ele próprio as ilações e aplicações. Numa palavra, *o que caracteriza a revelação espírita é o ser divino a sua origem e da iniciativa dos espíritos, sendo a sua elaboração fruto do trabalho do homem*[4].

---

3. A observação entre parênteses é nossa.
4. Allan Kardec, em *A Gênese*, cap. I, itens 9,10 e 13.

11. A teologia espírita, portanto, se caracteriza por seus princípios não decorrerem de mera concepção intelectiva, de simples elaboração metafísica. Deus nos proporciona o conhecimento, quer geral, quer científico, quer filosófico, quer teológico, por diversos meios, fazendo-o chegar aos homens, gradativamente e de acordo com a mentalidade de cada época.

12. Constituem *fontes secundárias da teologia*: a) o *raciocínio filosófico*, principalmente no que tange ao *princípio da causalidade*, b) a *Escritura Sagrada*, compreendendo o *Antigo* e o *Novo Testamentos*; c) a *tradição oral*; d) os *fatos históricos*.

O raciocínio filosófico, baseado no princípio da causalidade, se constitui de um silogismo, cuja premissa maior é a de que *todo efeito tem uma causa*. Ora, o Universo existe, logo tem uma causa. É axiomático, ou seja, independe de demonstração, o fato de que o Universo não é causa; logo, é efeito e como tal, requer uma *causa primária*. Essa **causa primária** há de ser uma **inteligência suprema** e **energia maior**, que existe por si, ou seja, é *incausada*. Essa Energia Inteligente pode ter qualquer nome, mas a Humanidade convencionou chamá-la **DEUS**, ou o termo correspondente em cada língua: **God**, em inglês; **Dieu**, em francês; **Dios**, em espanhol; **Gott**, em alemão; **Dio**, em italiano; **Alá**, em árabe etc.

O *Antigo Testamento*, primeira parte da Bíblia, composta de vários livros, contém a história da criação, os ensinos e as previsões dos antigos profetas, a afirmação implícita da existência de um plano imaterial, povoado por seres desprovidos de corpo carnal: os anjos e os espíritos das diversas ordens, que realizam aparições e manifestações em vários lugares e em diversas épocas. No *Antigo Testamento* está consubstanciada a *1ª Revelação*, personificada em Moisés, fundador do judaísmo.

O *Novo Testamento*, constituído dos *Evangelhos*, dos *Atos dos Apóstolos*, do *Apocalipse*, de João, e das *Epístolas*, corporifica a *2ª Revelação*, personificada no próprio Cristo Planetário, encarnado sob o nome de *Joshua*, ou Jesus de Nazaré, na antiga Palestina, cuja mensagem viva instituiu o cristianismo em nosso planeta.

Os Evangelhos tradicionais são os chamados *canônicos*, que constituem a *Vulgata*, traduzidos e organizados por São Jerônimo. São os Evangelhos segundo Mateus, Marcos, Lucas e João. Em 1945, foi descoberta no Alto Egito a biblioteca de Nag-Hammadi e, logo após, os Manuscritos do Mar Morto, em jarros de barro. Os manuscritos foram achados acidentalmente por pastores beduínos, em 1948, nas cavernas próximas à Vila de Qumran, Jerusalém, Israel.

Foi a descoberta dos chamados Evangelhos gnósticos, compreendendo principalmente os de Tomé, de Felipe, de Miriam de Magdala, de Pedro e de Bartolomeu. Eles foram considerados apócrifos pela Igreja, mas são válidos por terem sido escritos por apóstolos e discípulos de Jesus. A teologia segundo a ótica espírita não pode deixar de considerá-los.

A *tradição oral*, composta daquilo que é do conhecimento de todos, porque transmitido verbalmente de pai para filho, de filho para neto, e assim por diante, e que se constituiria também dos registros do *inconsciente coletivo*, ou *arquétipos*, de que nos fala Jung, outra fonte teológica de grande influência.

Os *fatos históricos*, por serem o retrato das várias etapas sequenciais da evolução da Humanidade, do seu lento, gradativo e vívido aprendizado, à luz da revelação e da inspiração divina, não podem deixar de figurar entre as fontes da teologia.

Capítulo II

A REVELAÇÃO

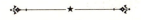

1. A REVELAÇÃO (AQUI o termo *revelação* é tomado no seu sentido amplo, genérico, e não do ponto de vista religioso) se processa de várias maneiras:

  a) por meio dos *grandes gênios*, mediante o ensino daquilo que os homens ignoravam, quer na ordem física, quer na ordem filosófica; transmitindo verdades, tanto científicas, quanto morais;
  b) pela *inspiração divina,* ou pela *palavra direta* dos mensageiros de Deus – *profetas, enviados, messias, missionários* – para transmitir aos homens as coisas espirituais que eles não podem descobrir por meio da inteligência ou dos sentidos;
  c) pelo *processo mediúnico*, mediante o qual ocorreu a 3ª *Revelação* (no sentido religioso), consubstanciada na codificação espírita, organizada por Allan Kardec.

A *1ª Revelação* foi a de Moisés e a *2ª Revelação*, a do Cristo. Essa revelação é complementada por informações que nos chegam também por processo mediúnico, mediante o qual os espíritos de ordens elevadas nos trazem seu testemunho sobre fatos que se incluem no campo do estudo teológico. Pode parecer estranho que esses espíritos sejam, muitas vezes, aqueles que a Igreja católica apresenta como seus santos, entre os quais São Luís, Santo Agostinho, São Tomás de Aquino, o Santo Cura d'Ars e vários bispos da Igreja. Nada de anormal, todavia, nesse fato. Os homens na Terra filiam-se a correntes de pensamento e a credos religiosos, aos quais nem sempre continuam vinculados após transporem os umbrais da morte, quando sua compreensão da verdade geralmente se torna mais ampla, mais nítida e mais adequada, oferecendo-lhes a oportunidade de retificar antigas e equivocadas ideias. Os dogmas, então, costumam ceder lugar à fé raciocinada e à razão iluminada.

2. O fato de a revelação se constituir também de instruções mediúnicas confere-lhe alto grau de autenticidade, porque são ensinamentos trazidos para o nosso plano por espíritos que os hauriram de fontes de sabedoria e têm em sua própria vivência a comprovação daquilo que revelam.

3. A religião judaica teve Moisés como seu principal mentor. Ele corporificou a chamada *Primeira Revelação*. Como profeta, revelou aos homens a existência de um Deus único, Soberano Senhor e Orientador de todas

as coisas. Promulgou a lei do Sinai e lançou as bases da verdadeira fé. Como homem, foi o legislador do povo pelo qual essa primitiva fé, purificando-se, havia de espalhar-se por sobre a Terra.

O Cristo, tomando da antiga lei o que é eterno e divino e rejeitando o que é transitório, puramente disciplinar e fruto da concepção humana, acrescentou a *revelação da vida futura*, de que Moisés não falara, assim como a das penas e recompensas que aguardam o homem, depois da morte.

A parte mais importante da revelação do Cristo, no sentido de fonte primária, de pedra angular de toda a sua doutrina é o ponto de vista inteiramente novo sob que considera ele a divindade. Esta já não é o Deus terrível, ciumento, vingativo, de Moisés; o Deus cruel e implacável, que rega a terra com o sangue humano, que ordena o massacre e o extermínio dos povos, sem excetuar as mulheres, as crianças e os velhos, e que castiga aqueles que poupam as vítimas; já não é o Deus injusto, que pune um povo inteiro pela falta de seu chefe, que se vinga do culpado na pessoa do inocente, que fere os filhos pelas faltas dos pais; mas, um Deus clemente, soberanamente justo e bom, cheio de mansidão e misericórdia, que perdoa ao pecador arrependido e *dá a cada um segundo as suas obras*. Já não é o Deus de um único povo privilegiado, o *Deus dos exércitos*, presidindo aos combates para sustentar a sua própria causa contra o Deus dos outros povos; mas, o Pai comum do gênero humano, que estende a sua proteção por sobre todos os Seus filhos e os chama todos a si; já não é o

Deus que recompensa e pune só pelos bens da Terra, que faz consistir a glória e a felicidade na escravidão dos povos rivais e na multiplicidade da progenitura, mas, sim, um Deus que diz aos homens: "A vossa verdadeira pátria não é neste mundo, mas no reino celestial, lá onde os humildes de coração serão elevados e os orgulhosos serão humilhados". Já não é o Deus que faz da vingança uma virtude e ordena se retribua olho por olho, dente por dente; mas, o Deus de misericórdia, que diz: "Perdoai as ofensas, se quereis ser perdoados; fazei o bem em troca do mal; não façais o que não quereis vos façam". Já não é o Deus mesquinho e meticuloso, que impõe, sob as mais rigorosas penas, o modo como quer ser adorado, que se ofende pela inobservância de uma fórmula; mas, o Deus grande, que vê o pensamento e que se não honra com a forma. Enfim, já não é o Deus que quer ser temido, mas o Deus que quer ser amado.[5]

4. Assim como o judaísmo é o preâmbulo do cristianismo, o espiritismo é a consequência direta deste. Sua moral é a do Cristo e seus ensinos, a continuação da mensagem cristã. Jesus, o Cristo, declarara: *"Muitas das coisas que vos digo ainda não as compreendereis e muitas outras teria a dizer, que não compreenderíeis; por isso é que vos falo por parábolas; mais tarde, porém, enviar-vos-ei o Consolador, o Espírito de Verdade, que restabelecerá todas as coisas e vo-las explicará todas."* (S. João, caps. XIV, XVI; S. Mat., cap. XVII.)

---

5.   1 Allan Kardec, em *A Gênese*, cap. I, item 13.

5. Por isso, escreveu Kardec:

O espiritismo, partindo das próprias palavras do Cristo, como este partiu das de Moisés, é consequência direta da sua doutrina. À ideia vaga da vida futura, acrescenta a revelação da existência do mundo invisível que nos rodeia e povoa o espaço, e com isso precisa a crença, dá-lhe um corpo, uma consistência, uma realidade à ideia. Define os laços que unem a alma ao corpo e levanta o véu que ocultava aos homens os mistérios do nascimento e da morte. Pelo espiritismo, o homem sabe donde vem, para onde vai, porque está na Terra, porque sofre temporariamente e vê por toda a parte a justiça de Deus. Sabe que a alma progride incessantemente, através de uma série de existências sucessivas, até atingir o grau de perfeição que a aproxima de Deus. Sabe que todas as almas, tendo um mesmo ponto de origem, são criadas iguais, com idêntica aptidão para progredir, em virtude do seu livre-arbítrio; que todas são da mesma essência e que não há entre elas diferença, senão quanto ao progresso realizado; que todas têm o mesmo destino e alcançarão a mesma meta, mais ou menos rapidamente, pelo trabalho e boa vontade.

Sabe que não há criaturas deserdadas, nem mais favorecidas umas do que outras; que Deus a nenhuma criou privilegiada e dispensada do trabalho imposto às outras para progredirem; que não há seres perpetuamente voltados ao mal e ao sofrimento; que os que se designam pelo nome de *demônios* são os espíritos ainda atrasados e imperfeitos, que praticam o mal no espaço, como o praticavam na Terra, mas que se adiantarão e aperfeiçoarão; que os anjos ou espíritos puros não são seres à parte na criação, mas espíritos que chegaram à meta, depois de terem percorrido a estrada do progresso; que, por essa forma, não há criações múltiplas, nem diferentes categorias entre os seres inteligentes, mas que toda a criação deriva da grande lei de unidade que rege o Universo e que todos os seres gravitam para um fim comum que é a perfeição, sem que uns sejam favorecidos à custa de outros, visto serem todos filhos das suas próprias obras[6].

---

6.   Aut. cit., em *A Gênese*, capítulo I, itens 9 e 10.

Capítulo III

Deus e a Revelação

O conhecimento de Deus

1. SENDO O OBJETO da teologia o estudo da divindade, natural seria que se começasse por definir Deus, porquanto o estudo de toda ciência começa por definir o seu objeto. Isso, porém, não é possível em termos absolutos no campo da teologia. No estado atual da nossa evolução psíquica, que corresponde ao grau da nossa evolução espiritual, ainda não podemos conhecer Deus. Nem mesmo depois da morte, já no estado de espírito liberto da matéria, isso será imediatamente possível.

A teologia católica ensina que a felicidade eterna, a daqueles que entram no céu, se constitui principalmente da *visão beatífica*, isto é, os bem-aventurados veem Deus. Isto significa que O contemplam e, portanto, O compreendem, ou melhor, podem penetrar na Sua essência.

2. Já a teologia espírita não admite a visão, ou o conhecimento imediato de Deus, assim como não concebe a passagem direta do espírito para o estado de bem-aventurança (ir para o céu).

Indagou Kardec aos espíritos se será dado um dia ao homem compreender o mistério da divindade. "Quando não mais tiver o espírito obscurecido pela matéria. Quando, pela sua perfeição, se houver aproximado de Deus, ele O verá e compreenderá", responderam[7].

O que significa isso? Qual a relação entre o *obscurecimento pela matéria, a perfeição* e o conhecimento de Deus?

O homem, ou melhor, o espírito, quando obscurecido pela matéria, isto é, quando ainda sujeito às reencarnações nos mundos materiais, não tem condições psíquicas de compreender o mistério[8] da divindade.

> A inferioridade das faculdades do homem não lhe permite compreender a natureza íntima de Deus – explica Kardec. Na infância da Humanidade, o homem O confunde muitas vezes com a criatura, cujas imperfeições lhe atribui; mas, à medida que nele se desenvolve o senso moral, seu pensamento penetra melhor no âmago das coisas; então, faz ideia mais justa da divindade e, ainda que sempre incompleta, mais conforme a sã razão[9].

---

7. LE, 11.
8. A palavra mistério, em teologia, tem significado especial. "Uma revelação é uma manifestação especial e extraordinária que remove o véu de algo que está escondido de forma especial e extraordinária. Esse ocultamento frequentemente é chamado mistério." (Paul Tillich, em *Teologia sistemática*, Editora Sinodal – Edições Paulinas, 2ª ed., p. 97)
9. Nota de Kardec à questão citada.

Mas a ideia perfeita, completa e verdadeira da divindade, o espírito só a terá quando estiver plenamente depurado, quando tiver chegado ao fim da sua evolução, quando se tiver tornado espírito puro. Para isso, a evolução terá de ser integral, não apenas em termos de conhecimento ou de moral. Ela terá de compreender, não só a aquisição plena do conhecimento, em todos os campos, mas também a conquista de todos os princípios éticos, acrescida da plenitude do amor.

3. Por outro lado, para que o conhecimento se amplie é necessário que a mente se desenvolva.

O psiquismo do homem do século XXI evidentemente não é o mesmo do homem primitivo, nem o psiquismo do civilizado está no mesmo grau do psiquismo do selvagem. A inteligência se desenvolve à medida que se exercita, e o seu exercício acompanha o desenvolvimento das faculdades psíquicas.

Constitui entendimento geralmente aceito que o homem de hoje utiliza apenas cerca de trinta por cento da sua capacidade psíquica. Quando ele tiver atingido o domínio dos setenta por cento restantes e tiver completado a aquisição da totalidade dos princípios éticos, só então, ele poderá ver, conhecer Deus, compreendê-Lo e defini-Lo.

Por enquanto, teremos de contentar-nos com conceitos vagos, relativos, incompletos. Ele é algo, porquanto tem uma significação para nós. Sabemos que Ele é o Criador do Universo e que nós fazemos parte de Sua criação.

4. O conceito teológico de Deus varia de religião

30 | José Naufel

para religião. Para a teologia católica, por exemplo, Ele é uno e trino: uma Entidade composta de três pessoas distintas e semelhantes: o Pai, o Filho e o Espírito Santo, sendo que o Filho procede do Pai e o Espírito Santo procede do Pai e do Filho. O Pai enviou o Filho, o que constitui o mistério da encarnação. O Filho prometeu que pediria ao Pai para enviar o Espírito Santo, o divino Paráclito e, assim, o Pai e o Filho enviaram o Espírito Santo, o Consolador. É o que ela chama de *processão*.

Para a doutrina espírita, Deus não é uma *pessoa*, tanto que Allan Kardec, intuitivamente, não indagou aos espíritos *"quem* é Deus?"*, mas, sim, *"que* é Deus?" E recebeu como resposta: "Deus é a inteligência suprema do Universo, causa primária de todas as coisas"[10].

É um conceito, mas não é uma definição completa e perfeita. Esse conceito considera Deus como o Criador de tudo o que existe. E como não é possível conceber-se algo mais inteligente do que Deus, Ele é a suprema inteligência do Universo. Se existisse uma inteligência superior à d'Ele, Deus não seria Deus.

Para toda e qualquer teologia, nada pode ser superior a Deus, que é a Causa Incausada, o Ilimitado. Esse é um ponto sobre o qual inexiste qualquer divergência. Não é ainda uma definição, todavia, porque não define a essência divina, não diz o que Deus é em si, qual a sua natureza.

5. A mente do homem ainda não está suficientemente desenvolvida para conceber e definir Deus.

Na caminhada evolutiva, o princípio inteligente co-

---

10. LE, 1.

meça por ter reflexos e, mais adiante, a esses reflexos se acrescentam os instintos. Posteriormente, inicia-se o desenvolvimento da inteligência, que, até então, estivera em estado embrionário.

Se observarmos os animais, veremos que eles possuem certa inteligência, uma inteligência fragmentária, que varia de grau de acordo com cada espécie animal. Em alguns animais, essa inteligência é muito rudimentar e vai apenas um pouco além dos instintos. Noutros, ela é mais acentuada e o animal parece até compreender o que se lhe diz, o que se lhe manda fazer e é até capaz de certo aprendizado, como se observa no cão, no macaco, no urso, no elefante e outros animais amestrados principalmente para os trabalhos circenses.

A inteligência deles, porém, é extremamente limitada, é sempre fragmentária. Se os colocarmos diante de um aparelho receptor de televisão, não resta dúvida de que eles verão as imagens e ouvirão os sons, interpretando-os, no entanto, à sua maneira, de acordo com o seu curto entendimento, ou seja, de modo muito diferente do nosso. O seu psiquismo evidentemente jamais poderá ter desenvolvimento suficiente para perceber que está diante de um aparelho eletrônico. Não saberá o que é eletrônica, nem o que é vídeo ou áudio. Não poderá imaginar o que seja uma câmera, um estúdio, um programa, um *script*, um apresentador, uma atriz, um microfone. Nem poderá conceber o que seja uma empresa de telecomunicação ou de outro tipo qualquer, as relações de capital e trabalho, o poder de tributar do Estado etc.

Quando esse mesmo princípio inteligente, ao fim do

estágio na fase animal, atinge a faixa da razão e adquire o livre-arbítrio, passando do estado de simples *Princípio* para o de espírito – individualidade capaz de encarnar no reino hominal – continua a possuir reflexos e instintos. Passa a ter também sentimentos e inteligência, não mais fragmentária, mas integral, suscetível de desenvolver-se de acordo com a gradativa ampliação das faculdades psíquicas.

Mesmo assim, apesar do relativo alto grau de desenvolvimento alcançado, o homem ainda não está em condições de conhecer tudo, porque utiliza apenas trinta por cento da capacidade mental. E por isso, ainda não é capaz de conhecer Deus no campo ontológico, isto é, enquanto *ser*. Mas pode estabelecer conceitos a Seu respeito, como o de que Ele é a causa primária de tudo o que existe e, por isso mesmo, é a suprema inteligência do Universo. Pelos efeitos pode-se imaginar a causa e atribuir-Lhe determinadas qualidades.

A ideia de Deus

6. Do que vimos até aqui, verificamos que a ideia da divindade, sempre presente no homem, se faz de duas maneiras: pelo sentimento e pelo intelecto. Decorre do sentimento íntimo, instintivo, que todo o homem traz em si, da existência de Deus; ou de um processo intelectivo, racional e objetivista, pelo qual reconhece que a existência do Universo e a harmonia das leis que o regem hão de resultar de uma causa incausada.

A essas duas espécies de concepção da divindade pode-se acrescentar a religiosa, que está com elas intimamente relacionadas. As três concepções da divindade podem coexistir no mesmo indivíduo, que será, simultaneamente, o *homem instintivo*, ou o *homem comum*; o *homem racional* e o *homem religioso*.

7. O *sentimento inato*, ou *instintivo*, da existência de Deus é observado em todos os homens, quer selvagens, ou primitivos, quer civilizados, ou intelectualizados.

> A universalidade da ideia de Deus se revela nas mais variadas formas de crenças, desde os grupos mais primários em seu estágio cultural. A literatura antropológica, aliás, oferece muito material para a confirmação da crença em grupos ainda obscuros, porém inclinados à submissão a um Poder maior, por meio de objetos, rituais e testemunhos ostensivos[11].

O homem traz em si a ideia inata da existência de Deus. Mesmo assim Allan Kardec teve o escrúpulo de indagar aos espíritos se "o sentimento íntimo que temos da existência de Deus não poderia ser fruto da educação, resultado de ideias adquiridas?" A resposta foi outra pergunta: "Se assim fosse, por que existiria nos vossos selvagens esse sentimento?".

Kardec acrescenta a essa questão a seguinte nota pessoal: "Se o sentimento da existência de um ser supremo fosse tão somente produto de um ensino, não seria

---

11. Deolindo Amorim, em *Deus e a criação* – conferência proferida, em 4 de outubro de 1980, em São Paulo, publicada no livro *Encontro com a cultura espírita*, Casa Editora O Clarim, Matão, SP. 1981, 1ª ed., p. 20.

universal e não existiria senão nos que houvessem podido receber esse ensino, conforme se dá com as noções científicas"[12]. Mais tarde, ele desenvolveria esse comentário na seguinte passagem de outro livro:

> Os povos selvagens nenhuma revelação tiveram; entretanto, creem, instintivamente, na existência de um poder sobre-humano. Eles veem coisas que estão acima das possibilidades do homem e deduzem que essas coisas provêm de um ente superior à Humanidade. Não demonstram raciocinar com mais lógica do que os que pretendem que tais coisas se fizeram a si mesmas?[13]

8. O processo racional pelo qual se procura demonstrar a existência de Deus de modo intelectivo, pelo exercício da razão, em face da ordem reinante no Universo e pela confluência de outras provas objetivas, pertence aos campos da filosofia e da teologia.

O ATEÍSMO

9. Embora o sentimento da existência de Deus seja *inato* e *universal*, há aqueles que se dizem *ateus*, negando-a. A negação ateísta, no entanto, não anula esse sentimento, que continua vívido, embora oculto por força do orgulho e da vaidade, ainda que inconscientes.

O ateu nega a existência de Deus em virtude de um processo intelectivo, pelo qual se recusa a reconhecê-la

---

12. LE, 6.
13. Allan Kardec, *A Gênese*, II, item 7.

ou aceitá-la. Ele é sempre um homem intelectualizado, nunca um selvagem ou um homem simples e rude. O ateísmo só existe nos meios civilizados.

Há duas modalidades de ateísmo: o *filosófico* e o *prático*. Na primeira, existe a preocupação de estabelecer raciocínios filosóficos para negar a existência de Deus e da vida após a morte. Tudo se resume na matéria, nada existe além desta. A morte representa o fim de tudo. Mas o ateu não consegue provar que Deus não existe. Seu raciocínio é sofístico, a fundamentação negativista é inconsistente. Coloca a ciência acima de tudo, nela buscando a razão de todos os fenômenos da Natureza e da vida. Daí concluir-se que o ateísmo é uma opção que o homem faz voluntariamente, para satisfazer ao próprio ego.

A outra modalidade, o *ateísmo prático*, se constitui em assumir a posição de ignorar Deus, ou porque ache incômodo seguir seus mandamentos, ou porque deseje usufruir plena liberdade de comportamento, sem sujeitar-se a preceitos de ordem ética ou religiosa. Outros optam pelo ateísmo simplesmente porque não acreditam na religião ao verem que esta é deturpada pelo modo de vida dos fariseus contemporâneos, que têm comportamento completamente oposto àquilo que pregam.

Concepções da divindade

10. A concepção de Deus tem variado muitíssimo através dos tempos e dos horizontes culturais estudados em antropologia.

Em alguns estágios da Humanidade, Deus é identificado apenas como Poder. E é temido. Oferecem-lhe sacrifícios para aplacar sua "ira".

Surge, em algumas ocasiões e em certos lugares, a dualidade absurda do Deus do Bem e do Deus do Mal.

O politeísmo da civilização greco-romana elege um deus a presidir cada elemento ou fenômeno da natureza, ou as virtudes, ou as artes, ou os vícios, ou fatos sociológicos (como a guerra), ou socioeconômicos (como a agricultura) etc.

Antes, ocorreram as fases da *litolatria* (adoração de minerais: pedras, rochas e relevos do solo), da *fitolatria* (adoração de vegetais: plantas, árvores, bosques e flores) e da *zoolatria* (adoração de animais), passando-se, a seguir, à *mitologia*, que se constitui da personificação politeísta referida.

Assim, o *antropomorfismo*, como transposição da figura humana para as coisas inanimadas, que passam a ser vitalizadas e até mesmo personificadas, caracterizou a primeira fase da dinâmica da crença do homem na existência de Deus.

11. Em seguida, já no período monoteísta, em que o conceito da divindade se vai aprimorando, o antropomorfismo assume feição nova. Deixa de ser a projeção do sentimento vitalizador, ou da personificação das coisas inanimadas ou de animais, para se converter em projeção da personalidade humana na própria divindade. Esta passa a ter sentimentos, qualidades e defeitos idênticos aos dos homens. Surge um Deus vingativo, um Deus que se arrepende dos seus atos, um Deus parcial, um "Deus dos Exércitos", um Deus tribal (como Jeová,

que protege as tribos de Israel, isto é, um Deus que rege seu povo eleito e não todos os homens).

12. Somente com o advento do Cristo, encarnado sob a personalidade de Jesus de Nazaré, foi que esse Deus antropomórfico cedeu lugar a um *Deus-Pai, soberanamente justo e bom.*

Mas, a concepção teológica das igrejas cristãs, no princípio, ainda continuou a ser antropomórfica na representação da divindade. O Pai Eterno era concebido como Entidade veneranda portando o cetro do Universo. Posteriormente, essa concepção foi cedendo lugar a outra, menos personificada e mais condizente com a verdadeira natureza divina.

13.

A história da ideia de Deus – observa Camille Flammarion – mostra-nos que ela sempre foi relativa ao grau intelectual dos povos e de seus legisladores, correspondendo aos movimentos civilizadores, à poesia dos climas, às raças, à florescência de diferentes povos; enfim, aos progressos espirituais da Humanidade. Descendo pelo curso dos tempos, assistimos sucessivamente aos desfalecimentos e tergiversações dessa ideia imperecível, que, às vezes fulgurante e outras vezes eclipsada, pode, todavia, ser identificada sempre, nos fastos da Humanidade. Notamos, então, que esta ideia relativa difere do absoluto único, sem o qual é impossível hoje, conceber-se a personalidade divina.[14]

---

14. Camille Flammarion, em *Deus e a natureza*, trad. De M. Quintão, FEB, 4ª ed., p. 385.

Provas da existência de Deus

14. O problema da demonstrabilidade da existência de Deus foi posto nestes termos por Deolindo Amorim:

> Para ser demonstrado objetivamente, Deus teria de ocupar um lugar no espaço físico por meio de uma configuração. Ficaria então determinado, e o que é determinado é limitado. A ideia de demonstração, neste caso, pressupõe a limitação de Deus, ideia incompatível com a concepção de sua infinitude.[15]

Sendo Deus ilimitado, a demonstração da Sua existência há de fazer-se por outros meios que não o da demonstração objetiva. Ela há de ser feita por meio da razão. Portanto, racional, metafísica e subjetivamente.

15. Os espíritos declararam que se pode encontrar a prova da existência de Deus "num axioma que aplicais às vossas ciências. Não há efeito sem causa. Procurai a causa de tudo o que não é obra do homem e a vossa razão responderá."[16]

A essa assertiva acrescentou Allan Kardec, em nota pessoal: "Para crer-se em Deus, basta se lance o olhar sobre as obras da criação. O Universo existe, logo tem uma causa. Duvidar da existência de Deus é negar que todo efeito tem uma causa e avançar que o nada pode

---

15. Deolindo Amorim, ob. cit., p. 18.
16. LE, 4.

fazer alguma coisa". Essa a razão pela qual os espíritos preferiram conceituar: "Deus é a inteligência suprema, causa primária de todas as coisas."[17]

16. Mesmo que se atribuísse às propriedades íntimas da matéria a causa primária da formação das coisas, ficaria a indagação: "Mas, então, qual seria a causa dessas propriedades? É indispensável sempre uma causa primária".[18]

"Atribuir a formação primária das coisas às propriedades íntimas da matéria seria tomar o efeito pela causa, porquanto essas propriedades são também elas, um efeito que há de ter uma causa".[19]

17. Quanto à realidade da existência de Deus, admirável é a síntese de Joanna de Ângelis:

> Insuficientes todos os arremedos filosóficos e culturais, quanto científicos, posteriormente, para uma perfeita elucidação do tema, conclui-se pela legitimidade da Sua existência, graças a quatro grupos de considerações, capazes de demonstrá-lo de forma irretorquível e definitiva, a saber: a) cosmológicas que O explicam como a Causa única da sua própria causalidade, portanto real, sendo necessariamente possuidor das condições essenciais para preexistir antes da Criação e sobre-existir ao sem-fim dos tempos e do Universo; b) ontológicas, que O apresentam

---

17. LE, 1.
18. LE, 7.
19. LE, 7, nota de Allan Kardec.

perfeito em todos os Seus atributos e na própria essência, explicando, por isso mesmo, a Sua existência, que, não sendo real, não justificaria sequer a hipótese do conceito, deixando, então, de ser perfeito. Procedem tais argumentações desde Santo Anselmo, dos primeiros a formulá-las, enquanto que as de ordem cosmológica foram aplicadas inicialmente por Aristóteles, que O considerava o "Primeiro motor, o motor não movido, o Ato puro", consideração posteriormente reformulada por São Tomás de Aquino, que nela fundamentou a quase totalidade da teologia católica; c) teleológicas, mediante as quais o pensamento humano, penetrando na estrutura e ordem do Universo, não encontra outra resposta além daquela que procede da existência de um Criador. Ante a harmonia cósmica e a beleza, quanto à grandeza matemática e estrutural das galáxias e da vida, uma resultante única surge: tal efeito procede de uma Causa perfeita e harmônica, sábia e infinita; d) morais, defendidas por Emmanuel Kant, inimigo acérrimo das demais, que, no entanto, eram apoiadas por Spinoza, Bossuet, Descartes e outros gênios da fé e da razão. Deus está presente no homem, mediante a sua responsabilidade moral e a sua própria liberdade, que lhe conferem títulos positivos e negativos, conforme o uso que delas faça, do que decorrem as linhas mestras do dever e da autoridade. Essa presença na inteligência humana intuitiva, persistente, universal, faz que todos os "homens de responsabilidade moral sejam conscientemente responsáveis, atestando, inequivocamente, a realidade de um Legislador Absoluto, Suprema Razão da Vida." (Joanna de Ângelis, em *Estudos espíritas*, psicografia de Divaldo Pereira Franco, FEB, 1ª ed., pp. 18 e 19.).

ATRIBUTOS DA DIVINDADE

18. Embora ainda não possa o homem compreender a natureza íntima de Deus, porque para isso lhe falta o sentido, pode formar ideia de algumas de Suas perfeições. Compreende-as melhor à medida que se eleva acima da matéria, entrevendo-as pelo pensamento. O homem compreenderá o mistério da divindade (vale repetir a citação) quando não mais tiver o espírito obscurecido pela matéria. Quando pela sua relativa perfeição se houver aproximado de Deus, ele O verá e compreenderá.

> Mas, no estágio em que o homem se encontra, imperfeita é ainda a ideia que faz dos atributos divinos, embora creia abranger tudo. Há coisas, porém, que estão acima da inteligência do homem mais inteligente. A razão, no entanto, nos diz que Deus deve possuir em grau supremo todas as perfeições, porquanto, se uma lhe faltasse, ou não fosse infinita, já não seria superior a tudo, não seria, por conseguinte, Deus. Para estar acima de todas as coisas, Deus tem que se achar isento de qualquer vicissitude e de qualquer das imperfeições que a imaginação possa conceber.[20]

Do ponto de vista humano, certamente limitado, Kardec relacionou os seguintes atributos divinos:

> Deus é eterno. Se tivesse tido princípio, teria saído do nada ou então, também teria sido criado, por

---

20. Cf. LE, 10 a 13.

um ser anterior. É assim que, de degrau em degrau, remontamos ao infinito e à eternidade.

É imutável. Se estivesse sujeito a mudanças, as leis que regem o Universo nenhuma estabilidade teriam.

É imaterial. Quer isto dizer que a sua natureza difere de tudo o que chamamos matéria. De outro modo, Ele não seria imutável, porque estaria sujeito às transformações da matéria.

É único. Se muitos deuses houvesse, não haveria unidade de vistas, nem unidade de poder na ordenação do Universo.

É onipotente. Ele o é, porque é único. Se não dispusesse do soberano poder, algo haveria mais poderoso ou tão poderoso quanto Ele, que não teria feito todas as coisas. As que não tivesse feito seriam obra de outro Deus.

É soberanamente justo e bom. A sabedoria providencial das leis divinas se revela, assim nas mais pequeninas coisas, como nas maiores, e essa sabedoria não permite se duvide nem da justiça nem da bondade de Deus.[21]

A Providência Divina

19. Providência divina é a ação permanente do Pai em favor dos Seus filhos disseminados pelo Universo.

Ninguém está só ou abandonado. O Pai provê as nossas necessidades, desde que façamos aquilo que nos compete. Deus preside a tudo no Universo, até aos deslocamentos de um ínfimo grão de areia. Tanto o Macro-

---

21. Allan Kardec, nota ao LE, 13.

cosmo quanto o Microcosmo estão sob o efeito da Vontade divina.

"A providência é a solicitude de Deus para com as Suas criaturas. Ele está em toda parte, tudo vê, a tudo preside, mesmo às coisas mais mínimas. É nisto que consiste a ação providencial".[22]

> Para estender a sua solicitude a todas as criaturas, não precisa Deus lançar o olhar do Alto da imensidade. As nossas preces, para que Ele as ouça, não precisam transpor o espaço, nem ser ditas com voz retumbante, pois que, estando de contínuo ao nosso lado, os nossos pensamentos repercutem n'Ele. Os nossos pensamentos são como os sons de um sino, que fazem vibrar todas as moléculas do ar ambiente.[23]

É preciso que se tenha em conta, no entanto, que providência não significa interferência de Deus no nosso destino, nas vicissitudes da vida, removendo milagrosamente as nossas dificuldades. Ela não se manifesta milagrosamente no sentido de suprir as nossas necessidades de modo direto. A providência atua através das potencialidades do ser, inspirando o homem a aproveitá-las para resolver a problemática existencial. Ela dirige e induz à plenitude. Traz-nos a sustentação nas nossas provações, a consolação nas dores, a inspiração tanto nas dificuldades quanto no trabalho construtivo. É sobretudo a força divina que nos conduz pelas sendas da evolução, na busca do nosso destino último.

---

22. Allan Kardec, em *A Gênese*, cap. II, item 20.
23. Idem, ob. e cap. cits., item 24.

Providência é a divina condição que está presente em cada grupo de condições finitas e na totalidade das condições finitas. Não é um fator adicional, uma interferência milagrosa física ou mental em termos de sobrenaturalismo. É a qualidade da direcionalidade interior presente em toda situação. O homem que crê na providência não crê que uma atividade divina especial irá alterar as condições da finitude e alienação. Ele crê, e afirma com a coragem da fé, que nenhuma situação, qualquer que seja, pode frustrar a realização de seu destino último, que nada pode separá-lo do amor de Deus que está em Cristo Jesus (Romanos, cap. 8).

Panteísmo

20. Panteísmo é uma doutrina filosófica, de caráter monista, que identifica Deus e o Universo como um todo.

O panteísmo apresenta, pelo menos, duas modalidades: a) Deus seria a resultante de todas as forças e de todas as inteligências do Universo reunidas; b) todos os corpos da Natureza, todos os seres, todos os globos do Universo seriam partes da divindade e constituiriam, em conjunto, a própria divindade.

21. A doutrina espírita repele o panteísmo, qualquer que seja a sua modalidade. Relativamente à primeira, consultados por Kardec, os espíritos argumentaram que, "se fosse assim, Deus não existiria, porquanto seria efeito e não causa. Ele não pode ser ao mesmo tempo uma e outra coisa."

Com efeito, se a existência de Deus decorresse da reunião e da ação de todas as forças e de todas as inteligências do Universo, Ele não seria o Criador, mas um ser criado. Seria efeito e não causa. Simplesmente não seria Deus; portanto, não existiria.

A segunda modalidade do panteísmo faz de tudo parte integrante de Deus. Ainda a seu respeito, indagou Kardec aos espíritos o que se pode opor ao raciocínio desses que professam essa doutrina e que acham nela a demonstração de alguns dos atributos de Deus: Sendo infinitos os mundos, Deus é, por isso mesmo, infinito; não havendo o vazio, ou o nada em parte alguma, Deus está por toda parte, pois que tudo é parte integrante de Deus, Ele dá a todos os fenômenos da Natureza uma razão de ser inteligente. Os espíritos responderam que o que se opõe a essa doutrina é a razão, bastando refletir maduramente para não nos ser difícil reconhecer-lhe o absurdo.[24]

A essa observação acrescentou o codificador, em nota pessoal, o seguinte:

> Esta doutrina faz de Deus um ser material que, embora dotado de suprema inteligência, seria em ponto grande o que somos em ponto pequeno. Ora, transformando-se a matéria incessantemente, Deus, se fosse assim, nenhuma estabilidade teria; achar-se-ia sujeito a todas as vicissitudes, mesmo a todas as necessidades da Humanidade; faltar-lhe-ia um dos atributos essenciais da divindade: a imutabilidade.

---

24. LE, 16.

Não se podem aliar as propriedades da matéria à ideia de Deus, sem que ele fique rebaixado ante a nossa compreensão e não haverá sutilezas de sofismas que cheguem a resolver o problema da sua natureza íntima. Não sabemos tudo o que Ele é, mas sabemos o que Ele não pode deixar de ser e o sistema de que tratamos está em contradição com a suas mais essenciais propriedades. Ele confunde o Criador com a criatura, exatamente como o faria quem pretendesse que engenhosa máquina fosse parte integrante do mecânico que a imaginou.

A inteligência de Deus se revela em Suas obras como a de um pintor no seu quadro; mas, as obras de Deus não são o próprio Deus, como o quadro não é o pintor que concebeu e executou.[25]

22. Outra consequência do panteísmo seria que o homem, após a morte, perderia sua individualidade, eis que simplesmente faria parte do *corpo* divino. Não só o homem, mas todas as criaturas. Os átomos que compõem os corpos celestes, após a desintegração destes, voltariam a integrar, nessa qualidade esse mesmo corpo. E dessa forma toda a criação desapareceria, permanecendo somente Deus, que a reabsorveria, por toda a eternidade.

---

25. LE, 16, nota de Allan Kardec.

Capítulo IV

DA CRIAÇÃO

O ESTUDO DA CRIAÇÃO

1. A CRIAÇÃO DIVINA é matéria que constitui objeto da teologia.

A codificação espírita começa com o estudo de Deus e passa imediatamente a tratar da criação e dos elementos gerais do Universo.

A NARRATIVA BÍBLICA DA CRIAÇÃO

2. A criação é de todo o Universo, ou melhor, de todos os Universos, porque "o Pai trabalha sempre", afirmou Jesus. Deus não cessa de criar, o trabalho da criação é perpétuo.

A astrofísica nos ensina que o Universo não é estático, nem fixo; é dinâmico. As estrelas, como todos os corpos celestes, nascem, desenvolvem-se, progridem, regridem, envelhecem e morrem. Cada galáxia encerra astros das mais diferentes idades: uns ainda nascendo, outros se tornando jovens, terceiros já amadurecendo, e aqueles que se encontram em plena senectude, a caminho da extinção. Há uma renovação constante no turbilhão cósmico.

Diríamos que as gerações estelares, planetárias e as de outras ordens, convivem no espaço, mas se sucedem no tempo. Da mesma forma, as próprias galáxias são de diferentes idades. Podemos considerar os corpos celestes que constituem uma geração como um Universo particular. O Universo propriamente dito, ou seja, no sentido mais amplo, o Universo infinito, total, se constituiria de uma infinidade de Universos particulares.

3. O Gênesis, o primeiro livro da Bíblia, entretanto, narra a criação, dividindo-a na **Primeira narrativa** e na **Segunda narrativa (recapitulação)**. A primeira narrativa começa nestes termos:

> [1]No princípio, Deus criou os céus e a terra. [2]A terra, porém, estava informe e vazia; as trevas cobriam o abismo e o espírito de Deus pairava sobre as águas.
> [3]Deus disse: "Faça-se a luz!" E a luz foi feita. [4]Deus viu que a luz era boa, e separou a luz das trevas. [5]Deus chamou à luz DIA e às trevas NOITE. Houve uma tarde e uma manhã: foi o primeiro dia.

A narrativa continua. Descreve que Deus fez um firmamento entre as águas e separou as águas que estão debaixo do firmamento (os mares, as baías, os lagos etc.) daquelas que estão por cima e chamou ao firmamento CÉUS. E mandou que as águas que estão debaixo do firmamento se ajuntassem num mesmo lugar e que aparecesse o elemento árido. E chamou ao elemento árido TERRA, e ao ajuntamento das águas MAR. Disse que a terra produzisse verdura, ervas que contenham semente e árvores frutíferas que deem fruto segundo a sua espécie, e o fruto contenha a sua semente. Depois mandou que se fizessem luzeiros no firmamento, para separar o dia da noite. Deus fez os dois grandes luzeiros: o maior para presidir ao dia, e o menor para presidir à noite; e fez também as estrelas. Deus colocou-os no firmamento para que iluminassem a terra, presidissem ao dia e à noite, e separassem a luz das trevas. Depois mandou que os mares e a terra produzissem os seres vivos. Finalmente, Deus disse: "Façamos o homem à nossa imagem e semelhança. Que ele reine sobre os peixes do mar, sobre os pássaros dos céus, sobre os animais domésticos e sobre toda a terra, e sobre todos os répteis que se arrastam sobre a terra."

Na **Segunda narrativa da criação – Recapitulação**, encontramos a história da criação do jardim do Éden e da criação da mulher, como companheira do homem, para o que Deus tomou uma das costelas deste e dela fez a mulher.

4. Atentando-se bem no texto bíblico da história da criação, verifica-se que a narrativa não é da criação do

Universo, mas, sim, da Terra. Embora ali se fale nos luzeiros do firmamento, no Sol, na Lua e nas estrelas, nota-se que tudo isso foi mencionado em função da Terra e não como a grande criação, ou a criação do Universo. Os luzeiros colocados no firmamento o foram para iluminar a Terra. Da criação do primeiro deles (o Sol) resultou o dia e a noite (em decorrência do movimento da Terra em torno do Sol), esta iluminada pelo segundo (a Lua, que, como se sabe, gira em torno da Terra). Tudo, portanto, está narrado em função da Terra.

Os seis dias em que se fez a criação evidentemente não são dias. São períodos mais que milenares, abrangendo muitos e muitos milhões de anos. A Terra supõe-se, surgiu há cerca de cinco e meio bilhões de anos. A ciência nos revela as eras geológicas. Essas eras correspondem aos dias da criação. Os primeiros e primitivos seres vivos que, segundo a narração bíblica, surgiram no penúltimo dia, cientificamente datam da penúltima era geológica. E o homem, que foi criado no último dia, surgiu provavelmente na última era geológica.

TEORIAS CIENTÍFICAS DA GÊNESE DO UNIVERSO

5. Diferentes da narrativa bíblica (circunscrita à Terra) são as várias teorias científicas da gênese do Universo. A mais conhecida e geralmente aceita é a teoria do *Big-Bang*, ou da *grande explosão inicial*. A causa dessa grande explosão é muito discutida.

Para alguns, como para o físico Paul Maurice Adrien Dirac, a explosão inicial teria resultado do encontro de antipartículas. No instante em que uma partícula encontrasse a sua antipartícula, elas se aniquilariam reciprocamente, transformando sua massa em energia.

Em 1932, os físicos norte-americanos Carl David Anderson e Robert Andrews Millikan descobriram o *antielétron*, que foi denominado pósiton, confirmando experimentalmente a hipótese de Dirac. Quando um pósiton encontra um elétron, eles se destroem, transformando massa em energia, emitida sob a forma de radiação eletromagnética. Já o *antipróton*, que tem carga elétrica igual à do elétron, foi produzido, em 1955, no bétraton (acelerador de elétrons) da Universidade de Berkley.[26] O físico soviético Youri Prokochkine, no início da década de 70, conseguiu sintetizar mais de 50 mil núcleos de anti-hélio.

6. Dessas teorias infere-se que o Universo seria constituído de *matéria* e de *antimatéria*, de *átomos* e de *antiátomos*, de *galáxias* e de *antigaláxias*.

Lemâitre acha que o Universo se originou da desintegração de um *único átomo primitivo*. É o modelo cosmológico da desintegração atômica em cascata. Desintegrado o átomo pelo encontro com um antiátomo, as partículas se afastam inicialmente, procurando reagrupar-se em regiões próximas. Isto sucede com as partículas e as antipartículas. Quando os grupos de partículas voltam a encontrar-se com os grupos de antipartículas,

---

26. Antipróton é o próton de carga negativa.

aniquilam-se novamente, libertando energia. Afastam-se umas e outras e procuram reagrupar-se. Dão-se novos encontros e o fenômeno se vai sucedendo sempre, de modo que o espaço se vai enchendo das partículas de alta energia originária dessa destruição de matéria. Após alguns milhões de anos, iniciar-se-ia a formação dos átomos, seguindo-se o processo evolutivo de formação dos mundos.

7. Já George Gamow, cientista russo-americano, que construiu um modelo semelhante ao de Lamâitre, não concorda, no entanto, com a ideia de um único átomo no momento primordial. Para ele, o que havia era uma superdensidade de partículas subatômicas movendo-se em grande velocidade, devido à alta temperatura decorrente de tal estado de concentração, não chegando a formar sequer um núcleo de átomo.

A ideia do Big-Bang decorre de ter-se observado o *desvio espectral para o vermelho*, ou seja, o desvio da luz das estrelas para o vermelho, o que levou à teoria da expansão do Universo. As galáxias estariam afastando-se umas das outras em grande velocidade, como resultado da grande explosão inicial.

8. Nenhuma dessas teorias, porém, está definitivamente consagrada.

A partir da década de 80, a teoria do Big-Bang, predominantemente aceita, tem sido refutada por alguns cosmologistas, sob o fundamento de que, supondo-se ter o Big-Bang ocorrido há cerca de vinte bilhões de anos, nada no Universo pode datar de antes desse período. Em 1986, no entanto, astrônomos descobriram que galáxias compõem vastas aglomerações ao longo de um bilhão de anos-luz e que esses gigantescos conglomerados de matéria devem ter levado cem bilhões de anos para se formarem. Isso evidentemente é mais do que os vinte bilhões de anos do Universo[27], a contar da grande explosão inicial. Essa enorme quantidade de matéria, cuja existência foi confirmada ao longo do ano de 1990, contradiz também uma premissa básica do Big-Bang: a de que o Universo era, na sua origem, igual e homogêneo. Os teoristas admitem não terem como conciliar o Universo perfeito do Big-Bang com o Universo irregular e imperfeito de hoje.

Outros conflitos entre essa teoria e o que se tem observado vão surgindo. A matéria escura (uma espécie hipotética e não observada de matéria), que funciona como uma cola invisível que mantém tudo ligado entre si (que constitui um postulado básico da referida teoria), teve sua existência contestada por astrônomos americanos e finlandeses. Eles afirmam que a matéria escura não é invisível, mas, na realidade, inexiste. Utilizando novos e sensíveis instrumentos, outros astrônomos em todo o mundo têm descoberto galáxias extremamente antigas, aparentemente formadas muitíssimo antes que o Universo do Big-Bang se tivesse acalmado.[28]

---

27. Atualmente, o consenso dos cientistas, baseado em dados do telescópio espacial Hubble e em cálculos mais precisos, aponta para 13,7 bilhões de anos a idade do Universo. NE

28. Cf. Eric J. Lerner, em The Big Bang Never Happened, Random House Inc., New York, New York, 1992, pp. 12 e 13.

A COLOCAÇÃO TEOLÓGICA ESPÍRITA

9. No campo da teologia, não se discutem essas teorias da gênese cósmica, cuja investigação cabe aos cientistas. Teologicamente, a única coisa que importa é que Deus preexiste a tudo e o Universo foi por Ele criado. Em que circunstâncias, não cabe à teologia dizer. O princípio das coisas ainda é para nós tão inacessível quanto a compreensão de Deus.

10. A teologia espírita proclama, através de Allan Kardec, a respeito da criação primária:

> O começo absoluto das coisas remonta, pois, a Deus. As sucessivas aparições delas no domínio da existência constituem a ordem da criação perpétua.
>
> Que mortal poderia dizer das magnificências desconhecidas e soberbamente veladas sob a noite das idades que se desdobraram nesses tempos antigos, em que nenhuma das maravilhas do Universo atual existia; nessa época primitiva em que, tendo-se feito ouvir a voz do Senhor, os materiais que no futuro haviam de agregar-se por si mesmos e simetricamente, para formar o templo da Natureza, se encontraram de súbito no seio dos vácuos infinitos; quando aquela voz misteriosa, que toda criatura venera e estima como a de uma mãe, produziu notas harmoniosamente variadas, para irem vibrar juntas e modular o concerto dos céus imensos!... O Universo nasceu criança. Revestido das leis men-

cionadas acima e da impulsão inicial inerente à sua formação mesma, a matéria cósmica primitiva fez que sucessivamente nascessem turbilhões, aglomerações desse fluido difuso, amontoados de matéria nebulosa que se cindiram e se modificaram ao infinito para gerar, nas regiões incomensuráveis da amplidão, diversos centros de criações simultâneas ou sucessivas.[29]

11. E quanto à criação universal, explicou Kardec:

A matéria cósmica primitiva continha os elementos materiais, fluídicos e vitais de todos os universos que estadeiam suas magnificências diante da eternidade. Ela é a mãe fecunda de todas as coisas, a primeira avó e, sobretudo, a eterna geratriz. Absolutamente não desapareceu essa substância donde provêm as esferas siderais; não morreu essa potência, pois que ainda, incessantemente, dá à luz novas criações e incessantemente recebe, reconstituídos, os princípios dos mundos que se apagam do livro eterno.

A substância etérea, mais ou menos rarefeita, que se difunde pelos espaços interplanetários; esse fluido cósmico que enche o mundo, mais ou menos rarefeito, nas regiões imensas, opulentas de aglomerações de estrelas; mais ou menos condensado onde o céu astral ainda não brilha; mais ou menos modificado por diversas combinações, de acordo com as localidades da extensão, nada mais é do que a subs-

---

29. Em *A Gênese*, FEB, 23ª ed., Cap. VI, item 15, pág. 114.

tância primitiva onde residem as forças universais, donde a Natureza há tirado todas as coisas.[30]

12. Vê-se, assim, que Deus teria criado primeiro a matéria primordial, o fluido cósmico, também chamado fluido universal, a partir do qual se realizou a criação. E como esta é perpétua, esse fluido cósmico continua a existir, difundindo-se pelos espaços interplanetários, para gerar novos corpos celestes, novos mundos e para neles introduzir vida, conforme continua a explicar o codificador do espiritismo:

> Esse fluido penetra os corpos, como um oceano imenso. É nele que reside o princípio vital que dá origem à vida dos seres e a perpetua em cada globo, conforme a condição deste, princípio que, em estado latente, se conserva adormecido onde a voz de um ser não o chama. Toda criatura, mineral, vegetal, animal ou qualquer outra – porquanto há muitos reinos naturais, de cuja existência nem sequer suspeitais – sabe, em virtude desse princípio vital e universal, apropriar as condições de sua existência e de sua duração.[31]

13. Não há dúvida de que Allan Kardec hauriu essa informação dos espíritos superiores que sempre lhe

---

30. Kardec acrescenta, em nota de rodapé: *Se perguntássemos qual o princípio dessas forças e como pode esse princípio estar na substância mesma que o produz, responderíamos que a Mecânica numerosos exemplos nos oferece desse fato. A elasticidade que faz com que uma mola se distenda, não está na própria mola e não depende do modo de agregação das moléculas? O corpo que obedece à força centrífuga recebe a sua impulsão do movimento primitivo que lhe foi impresso.* (Ibidem, item 17, pp. 115 e 116.)

31. Ibidem, item 18, pág. 116.

prestaram assistência nos trabalhos de codificação do espiritismo. A própria linguagem em que a transmite deixa antever nitidamente essa inspiração. Nesse passo, como em outros, ele foi instrumento da revelação divina.

Posteriormente a ele, outro espírito de escol, André Luiz, que foi médico na Terra, afirmou pela psicografia de Francisco Cândido Xavier, que "o fluido cósmico é o plasma divino, hausto do Criador ou força nervosa do Todo-Sábio", acrescentando:

> Nessa substância original, ao influxo do próprio Senhor supremo, operam as inteligências divinas a Ele agregadas, em processo de comunhão indescritível, os grandes devas da teologia hindu ou os Arcanjos da interpretação de variados templos religiosos, extraindo desse hálito espiritual os celeiros da energia com que constroem os sistemas da Imensidade, em serviço de cocriação em plano maior, de conformidade com os desígnios do Todo-Misericordioso, que faz deles agentes orientadores da Criação Excelsa.
>
> Essas inteligências gloriosas tomam o plasma divino e convertem-no em habitações cósmicas, de múltiplas expressões, radiantes ou obscuras, gaseificadas ou sólidas, obedecendo a leis predeterminadas, quais que perduram por milênios e milênios, mas que se desgastam e se transformam, por fim, de vez que o espírito criado pode formar ou cocriar, mas só Deus é o criador de toda a eternidade".

E, em expressiva concordância com os atuais modelos cosmológicos, prossegue André Luiz:

FORÇAS ATÔMICAS – Toda essa riqueza de plasmagem, nas linhas da Criação, ergue-se à base de corpúsculos sob irradiações da mente, corpúsculos e irradiações que, no estado atual dos nossos conhecimentos, embora estejamos fora do plano físico,[32] não podemos definir em sua multiplicidade e configuração, porquanto a morte apenas dilata as nossas concepções e nos aclara a introspecção, iluminando-se o senso moral, sem resolver, de maneira absoluta, os problemas que o Universo nos propõe a cada passo, com os seus espetáculos de grandeza.

Sob a orientação das inteligências superiores, congregam-se os átomos em colmeias imensas, e, sob a pressão, espiritualmente dirigida, de ondas eletromagnéticas, são controladamente reduzidas as áreas espaciais intra-atômicas, sem perda de movimento, para que se transformem na massa nuclear adensada, de que se esculpem os planetas, em cujo seio as mônadas celestes encontrarão adequado berço ao desenvolvimento.

Semelhantes mundos servem à finalidade a que se destinam, por longas eras consagrados à evolução do espírito, até que, pela sobrepressão sistemática, sofram o colapso atômico pelo qual se transmutam em astros cadaverizados. Essas esferas mortas, contudo, volvem a novas diretrizes dos Agentes divinos, que dispõem sobre a desintegração dos materiais de superfície, dando ensejo a que os elementos comprimidos se libertem através de explosão ordenada, surgindo novo acervo

---

32. O Autor refere-se ao seu estado de espírito desencarnado, ora habitando o plano espiritual.

corpuscular para a reconstrução das moradias celestes, nas quais a obra de Deus se estende e perpetua, em sua glória criativa.[33]

14. Em O Livro dos Espíritos, aliás, encontramos revelação concordante, no sentido de que um mundo completamente formado pode desaparecer e disseminar-se de novo no Espaço a matéria que o compõe, porquanto Deus renova os mundos, como renova os seres vivos.[34]

15. Por outro lado, os modelos cósmicos geralmente aceitos pela ciência se fundam na teoria do Universo em expansão, como vimos, expansão essa que tem um limite, atingido o qual, o Cosmo entra em contração. Ao fim desse processo de retorno, a matéria, novamente concentrada ao extremo, volta a explodir, dando origem a novo Universo.

Ao tempo da revelação espírita codificada (em torno de 1857, ano da primeira edição de O Livro dos Espíritos), foi dito a Kardec não se saber o tempo que dura a formação dos mundos, nem mesmo da Terra.[35] A ciência também ainda não encontrou o cálculo definitivo, embora já existam algumas hipóteses. A Terra, por exemplo, teria sido formada ao longo de cerca de cinco bilhões de anos.

16. Tudo isto leva à conclusão de que o homem da Terra, na atualidade e no grau de desenvolvimento de

---

33. Ob. cit., pp. 21 e 22.
34. LE, 41.
35. LE, 42.

sua inteligência, ou melhor, de seu psiquismo, não só ainda não tem condições de compreender Deus, como ignora como aconteceu a criação.

A ciência, como vimos, tem elaborado várias teorias a esse respeito, mas ainda não chegou, nem chegará tão cedo, a conclusões definitivas.

No campo filosófico também têm surgido outras tantas teorias.

Segundo a *escola dualista*, seguida pelos persas e pelos pitagóricos, o bem e o mal, como dois princípios eternos, seriam responsáveis por tudo o que existe. De logo, salta aos olhos a inconsistência dessa teoria, por admitir dois princípios contrários, que se destruiriam reciprocamente, fazendo ruir por terra os conceitos divinos do Eterno e do Absoluto. Por outro lado, admite o mal como um princípio eterno, quando se sabe que o mal não tem existência própria, mas é, simplesmente, a ausência, a carência do bem.

O *monismo* só admite uma substância ideal. Nega a existência de qualquer dualismo: ou tudo é espírito, ou tudo é matéria. A realidade é de uma só espécie. Há uma espécie de monismo, o *monismo neutro*, segundo o qual o material e o espiritual, o físico e o mental, são meros aspectos de um ser ou de uma substância. O monismo constitui uma das modalidades do *emanatismo*, sendo a outra modalidade o *panteísmo*, que já expusemos.

Finalmente, temos o *criacionismo*, que é a tese teológica: Deus cria a partir do nada, por ser todo-poderoso; Deus é eterno, isto é, não teve princípio nem terá fim, para Ele tudo é presente, não existe a sucessão do tempo, nem antes, nem depois, mas apenas o sempre. Cumpre estar atento para o fato de que o fluido cósmico, matéria--prima utilizada pelos arcanjos no trabalho de cocriação no plano maior, não constitui matéria preexistente, mas matéria criada por Deus.

O criacionismo é a doutrina revelada, plenamente aceita pela razão, a única, aliás, que satisfaz à lógica, constituindo tese fundamental da teologia.

Capítulo V

Matéria e Espírito

1. PODEMOS OBSERVAR QUE no Universo há o elemento *material* e o elemento que consideramos *imaterial*. Isso decorre da observação simples de que todo homem é capaz, sem maior aprofundamento.

A matéria impressiona os nossos sentidos. Para nós, objetivamente, só existe matéria. Mas pelo pensamento, pelo uso da inteligência e da razão, percebemos a existência de algo mais além da matéria. Percebemos, por exemplo, que possuímos sentimentos, que, evidentemente, não são matéria no sentido em que a concebemos. Nesse mesmo sentido, o pensamento também não é matéria.

Existe o visível e o invisível. Não vemos o invisível, mas, em alguns casos, percebemos sua existência. O ar e os gases são invisíveis, mas sentimos suas manifestações.

Daí decorre que, no Universo, existe a matéria, mas, além desta, há algo também que não é matéria. O corpo do homem é constituído de matéria, mas nele existe alguma coisa além da matéria: a inteligência, o pensamento, os sentimentos, a consciência etc. Convencionou-se chamar de *espírito* esse elemento imaterial.

Fomos levados assim à concepção de *espírito*. E como a existência da matéria é evidente, chegamos à conclusão de que o Universo é constituído de dois elementos gerais: matéria e espírito.

2. A confirmação disso e a explicitação do que vem a ser *espírito* nos chegou, porém, tão somente por meio da revelação.

Nas Sagradas Escrituras encontramos referências a seres espirituais, como os anjos. Há também alusão a espíritos, principalmente no Novo Testamento e nas Epístolas:

> Escureceu-se o sol e o véu do santuário rasgou-se pelo meio. Jesus deu então um grande brado e disse: "Pai, nas tuas mãos entrego o meu espírito" (Lucas, cap. 23, versículos 45 e 46).
>
> Abriu-lhes então o espírito, para que compreendessem as escrituras... (Lucas, cap. 24, versículo 45).
>
> O que nasceu da carne é carne, e o que nasceu do espírito é espírito (João, cap. 3, versículo 6).
>
> Enquanto Pedro refletia na visão, disse o espírito... (Atos, cap. 10, versículo 19).
>
> Os que vivem segundo a carne gostam do que é carnal; mas os que vivem segundo o espírito apreciam as coisas que são do espírito (Epístola de Paulo aos Romanos, cap. 8, versículo 5).

> Meus bem-amados, não creais em qualquer espírito, mas examinai se os espíritos são de Deus, porque muitos falsos profetas se levantaram no mundo (João, Epístola 1ª, cap. IV, versículo 1).

Espírito e alma

3. Toda teologia tem como princípio fundamental a existência do espírito e o concebe sempre como um ser imaterial, isto é, desprovido de corpo físico, mas dotado de inteligência e de vontade.

O que varia segundo as diversas óticas teológicas é a natureza do espírito e o seu destino antes do nascimento e depois da morte.

Para umas, há espíritos que foram criados puros e perfeitos: os anjos da teologia católica, por exemplo. Já a ótica espírita não admite esse privilégio que seria conferido a alguns espíritos. Segundo ela, todos foram criados iguais, simples e ignorantes (*ignorantes*, no sentido de que ainda não possuíam o conhecimento das coisas). Eles só se tornam puros e perfeitos após percorrerem todas as etapas da evolução.

Outra divergência está na questão do momento em que o espírito é criado. Para uns, como os católicos, ele é criado no momento da concepção. Para a doutrina espírita, entretanto, ele preexiste de muito ao corpo e se forma em longos períodos de tempo, através da evolução do princípio inteligente.

O catolicismo sustenta a unicidade da existência no

plano material: o espírito encarna uma única vez e durante sua vida age de modo a determinar como será o seu destino após a morte. Para o espiritismo, o espírito encarna e reencarna por milênios e milênios e se depura ao longo das muitas vidas sucessivas, até atingir o estado de pureza.

De qualquer forma, porém, nenhuma teologia prescinde do espírito, que constitui sempre a individualidade do ser, cujo corpo é apenas uma vestimenta transitória.

4. A revelação espírita é explícita e muito objetiva a respeito da natureza do espírito. Ela o define: *"espírito é o princípio inteligente do Universo"*[36].

E afirma que há dois elementos gerais do Universo: a matéria e o espírito.

> E acima de tudo Deus, o Criador, o pai de todas as coisas. Deus, espírito e matéria constituem o princípio de tudo o que existe, a trindade universal. Mas, ao elemento material se tem que juntar o fluido universal, que desempenha o papel de intermediário entre o espírito e a matéria propriamente dita, por demais grosseira para que o espírito possa exercer ação sobre ela. Embora, de certo ponto de vista, seja lícito classificá-lo como elemento material, ele se distingue deste por propriedades especiais. Se o fluido universal fosse positivamente matéria, razão não haveria para que o espírito também não o fosse. Está colocado entre o espírito e a matéria; é fluido, como a matéria é matéria, e suscetível, pelas suas inumeráveis combinações com esta e sob a ação do

---

36. LE, 23.

espírito, de produzir a infinita variedade das coisas de que apenas conheceis uma parte mínima. Esse fluido universal, ou primitivo, ou elementar, sendo o agente de que o espírito se utiliza, é o princípio sem o qual a matéria estaria em perpétuo estado de divisão e nunca adquiriria as qualidades que a gravidade lhe dá.[37]

É desse fluido universal que se constitui o *perispírito*, isto é, o elemento intermediário entre o espírito e a matéria (o corpo físico)[38]. Quando o espírito não está revestido de matéria (espírito desencarnado, sem corpo físico), seu corpo etéreo[39] passa a ser o perispírito, algo modificado e que toma a denominação de *corpo psicossomático*.

O perispírito, também chamado *psicossoma, corpo espiritual, corpo astral* e *corpo perispirítico*, é o *corpo energético* que veste o espírito propriamente dito e serve de elemento intermediário entre este e o *corpo somático* ou *carnal*. É por meio do perispírito que o espírito comanda o corpo físico, mediante a chamada *função motora*. A vontade do espírito é transmitida ao perispírito, que, por vibrações elétricas, a retransmite ao sistema nervoso através do cérebro. Os nervos denominados *fibras aferentes* acionam os músculos para que se produza a ação desejada. Do mesmo modo, as percepções e sensações

---

37. LE, 27.
38. A respeito do perispírito, v. o livro *Do ABC ao infinito,* de José Naufel, Rio, ed. FEB, 1º volume, Segunda Parte, I, itens 14 a 18, pp. 146 em diante.
39. No plano espiritual, na erraticidade, o espírito tem necessidade de estar revestido de um corpo, que não pode mais ser material, mas, sim, fluídico, etéreo, energético, para que ele se identifique nesse plano e seja capaz de se locomover, bem como de praticar as ações inerentes ao meio em que se encontra.

se fazem de maneira inversa: as terminações nervosas registram os fatos, transmitindo-os, por impulsos veiculados pelas *fibras eferentes*, ao cérebro, que os repassa ao corpo perispirítico. Este, então, registra a sensação e a leva ao espírito.

5. Isso não implica em que haja um terceiro elemento no Universo, porquanto o fluido universal é o *princípio material* do qual se origina a matéria e, por isso mesmo, capaz de estabelecer a ligação entre matéria e espírito. Diríamos que o fluido universal é a energia, de cuja concentração (condensação), segundo a teoria da relatividade, se origina a matéria.

Assim, o princípio inteligente constitui a origem do espírito, ou melhor, diríamos, do espírito-embrião, do espírito no estado latente, e o fluido universal (princípio material) é a origem da matéria.

6. Há dois conceitos de espírito: *a) espírito* (com *e* minúsculo), para significar o elemento inteligente, um dos elementos gerais do Universo; *b) espírito* (com *E* maiúsculo), para significar as individualidades, "os seres inteligentes da criação", que "povoam o Universo, fora do mundo material"[40]. Este último conceito, no seu sentido específico, corresponde ao de espírito desencarnado. Mas é empregado também para designar o espírito encarnado, cuja denominação mais própria e correta é *alma*.[41]

---

40. LE, 76.
41. V. LE, Introdução, II.

7. O espírito é a individualização do princípio inteligente, como os corpos são a individualização do princípio material.[42]

Logo, o espírito é uma *individualidade cósmica*. Ao longo de sua evolução, quer desencarnado, quer encarnado, na Terra ou em qualquer outro mundo, ou já espírito puro (quando concluída sua evolução), é sempre a mesma individualidade cósmica.

Descendo ao plano material, pelo processo encarnatório, e tomando um corpo físico, reveste-se de uma *personalidade* transitória, que dura enquanto dura a vida do corpo.[43]

A personalidade de que se reveste o espírito numa encarnação subsiste até desaparecer em virtude da reencarnação seguinte, quando assume nova personalidade.

8. Os espíritos são distintos da divindade. Admitir que fossem simples emanações ou porções desta seria admitir o panteísmo, cuja crítica já fizemos.

Os espíritos são filhos de Deus, porque por Ele foram criados. Logo, tiveram princípio. Isto os distingue de Deus, que é eterno, isto é, não teve princípio nem terá fim. Os espíritos são imortais, porque não terão fim, mas não são eternos, porque tiveram princípio.

---

42. LE, 79.
43. Após a morte, no entanto, a personalidade subsiste por algum tempo, para a identificação do espírito por aqueles que com ele conviveram no período encarnatório.

CRIAÇÃO DO ESPÍRITO

Não sabemos *como* nem *em que momento* são criados os espíritos. Ignoramos também *quando* e *como* o princípio inteligente se individualiza.

9. Relativamente à existência desse *princípio inteligente*, ou *princípio espiritual*, Kardec afirmou ser um fato que, por assim dizer, não precisa de demonstração, do mesmo modo que o da existência do princípio material, sendo, de certa forma, uma verdade axiomática. Ele se afirma pelos seus efeitos, como a matéria se afirma pelos que lhe são próprios.

Partindo do princípio de que "todo efeito inteligente há de ter uma causa inteligente", lembra que ninguém há que não faça distinção entre o movimento mecânico de um sino que o vento agite e o movimento desse mesmo sino para dar um sinal, um aviso, atestando, só por isso, que obedece a um pensamento, a uma intenção. Ora, não podendo acudir a ninguém a ideia de atribuir pensamento à matéria do sino, tem-se de concluir que o move uma inteligência à qual ele serve de instrumento para que ela se manifeste. Pela mesma razão – continua raciocinando o Codificador – ninguém terá a ideia de atribuir pensamento ao corpo de um homem morto. Se, pois, vivo o homem pensa, é que há nele alguma coisa que não há quando está morto.[44]

Apresenta também Kardec três outros argumentos de ordem teológica, em favor da existência do princípio espiritual:

---

44. Cf. Allan Kardec, em *A Gênese*, cap. XI, item 1.

a) este é corolário da existência de Deus; sem esse princípio, Deus não teria razão de ser, visto que não se poderia conceber a soberana inteligência a reinar, pela eternidade em fora, unicamente sobre a matéria bruta. Não se podendo admitir Deus sem os atributos essenciais da divindade: a justiça, a bondade, inúteis seriam essas qualidades, se Ele as houvesse de exercitar somente sobre a matéria;

b) por outro lado, não se poderia conceber um Deus soberanamente justo e bom, a criar seres inteligentes e sensíveis, para lançá-los ao nada, após alguns dias de sofrimento sem compensações, a recrear-se na contemplação dessa sucessão indefinida de seres que nascem, sem que o tenham pedido, pensam por um instante, apenas para conhecerem a dor, e se extinguem para sempre, ao cabo de efêmera existência;

c) é inata no homem a ideia da perpetuidade do ser espiritual; essa ideia se acha nele em estado de intuição e de aspiração.[45]

Tudo isso leva à conclusão de que dentre os elementos gerais do Universo, mais importante do que a matéria é o espírito.

10. Embora a palavra *alma* tenha vários sentidos,[46] seu conceito teológico espírita é o de *espírito encarnado*. Por espírito, entende-se o espírito desencarnado, mas

---

45. Ob. e cap. cits., itens 2 a 4.
46. V. LE, Introdução, II.

quando nos queremos referir ao espírito encarnado, devemos empregar a palavra *alma*.

A ORIGEM DO ESPÍRITO

11. O espírito, como o conhecemos, na condição de individualidade cósmica, dotado de inteligência e de livre-arbítrio, não foi totalmente criado em determinado momento.

Ele provém da evolução e individualização do princípio inteligente, ou princípio espiritual, realizadas pouco a pouco no estágio que faz nas experiências que realiza como seres inferiores da criação, qual um processo de germinação, em seguida ao qual sofre uma transformação, se humaniza e se torna espírito.[47]

Os espíritos, portanto, tiveram um princípio, pois, se não o tivessem tido, seriam iguais a Deus, mas, "quando e como cada um de nós foi criado, ninguém o sabe; isso é mistério"[48] Nem mesmo os espíritos o sabem. Queremos nos referir aos espíritos ainda ligados à Terra. Certamente, para aqueles que já alcançaram planos superiores, aqueles que já se depuraram suficientemente e que, por isso mesmo, adquiriram maiores conhecimentos, o véu do mistério já se desfez. Mas, a ideia de que o espírito surge de uma longa elaboração predomina entre os espíritos ligados a nós.

---

47. V. LE, 607ª
48. LE, 78.

A EVOLUÇÃO DO PRINCÍPIO ESPIRITUAL

12. A codificação espírita não é explícita como o princípio inteligente evolui até chegar à condição de espírito.

Referindo-se ao espírito, André Luiz ensina que:

> Não somos criações milagrosas, destinadas ao adorno de um paraíso de papelão. Somos filhos de Deus e herdeiros dos séculos, conquistando valores, de experiência em experiência, de milênio a milênio. Não há favoritismo no Templo Universal do Eterno, e todas as forças da criação aperfeiçoam-se no Infinito. A crisálida de consciência, que reside no cristal a rolar na corrente do rio, aí se acha em processo liberatório; as árvores que por vezes se aprumam centenas de anos, a suportar os golpes do inverno e acalentadas pelas carícias da primavera, estão conquistando a memória; a fêmea do tigre, lambendo os filhinhos recém-natos, aprende rudimentos do amor; o símio, guinchando, organiza a faculdade da palavra... Somos criação do Autor divino e devemos aperfeiçoar-nos INTEGRALMENTE.[49]

Do encadeamento desse raciocínio, verifica-se que André Luiz quis significar a evolução do princípio inteligente pelos reinos mineral (o cristal a rolar na corrente do rio), vegetal (as árvores que se aprumam) e animal (a fêmea do tigre, lambendo os filhotes), até individuali-

---

49. Aut. cit., em *No mundo maior*, cap. 3; psicografia de Francisco Cândido Xavier; Rio de Janeiro, RJ, FEB, 1947.

zar-se, humanizar-se e intelectualizar-se como espírito, fazendo sua primeira encarnação no reino hominal.

Esse autor espiritual volta a falar da evolução do princípio inteligente de modo específico, noutro livro, em que assinala: "Das cristalizações atômicas e dos minerais, dos vírus e do protoplasma, das bactérias e das amebas, das algas e dos vegetais do período pré-câmbrico aos fetos e às licopodiáceas, aos tribobites e cistídeos, aos cefalópodes, foraminíferos e radiolários dos terrenos silurianos, o princípio espiritual atingiu os espongiários e celenterados da era paleolítica, esboçando a estrutura esquelética".[50]

Dizia Léon Denis: "O espírito dorme no mineral, sonha no vegetal, agita-se no animal e desperta no homem".

13. Não há dúvida quanto à origem e evolução dos espíritos: são obra de Deus, são criados pelo Pai. Como e quando se ignora. Mas, sendo Deus eterno, tem criado sempre. O trabalho de criação nunca cessa. Como as coisas materiais, também os espíritos estão sendo criados. Assim, há espíritos que ainda se encontram em processo formativo (o princípio espiritual evolve longa e gradativamente, conquistando os reflexos e os instintos, passando à maturação da inteligência, antes fragmentária, até o despertar da consciência nas faixas inaugurais da razão (cf. André Luiz); outros estão iniciando a evolução como individualizações cósmicas, já conscientes e responsá-

---

50. Aut. cit., em *Evolução em dois mundos*, psicografia de Francisco Cândido Xavier e Waldo Vieira, FEB, 1995, 14ª ed., cap. III, p. 33.

veis; terceiros já estão alcançando níveis evolutivos mais elevados e outros, finalmente, já se encontram no final da evolução, nos planos divinos: os anjos e arcanjos.

A criação dos espíritos é permanente, porquanto Deus jamais deixou de criar.

Capítulo VI

Da pluralidade dos mundos habitados

1. PERSISTIU POR MUITO tempo a ideia de que a Terra é o único mundo habitado do Universo.

Remontando à civilização egípcia, cheia de surpresas e contradições, sabemos que Ptolomeu, astrônomo grego nascido no Egito no século II da nossa era, autor de uma *Geografia*, de uma célebre *Composição Matemática* e de uma *Ótica*, idealizou e vulgarizou o *sistema geocêntrico*. Na sua concepção a Terra é um corpo fixo no centro do Universo. Dando tal proeminência cósmica ao nosso planeta, depreende-se que o homem comum do seu tempo não cogitava da existência de outros mundos habitados. Possivelmente, no entanto, no recesso dos templos egípcios, os iniciados e ocultistas estariam procurando estabelecer contatos telepáticos com os habitantes de algum mundo pertencente a uma galáxia longínqua.

2. Antes de Copérnico, idealizador do *sistema heliocêntrico*, Giordano Bruno, filósofo italiano, foi queimado pela Inquisição, em Roma no ano de 1600, por sustentar a heresia da pluralidade dos mundos habitados. Camille Flammarion, astrônomo e escritor francês do século XIX, fez precioso estudo sobre a habitabilidade dos planetas no livro *A pluralidade dos mundos habitados*, ao qual deu caráter puramente filosófico, atribuindo-lhe, porém, caráter também científico a partir da 13ª edição, em 1869, baseado nos progressos da astronomia.

3. Na mesma época, podemos mencionar como seus companheiros de convicções Schiaparelli, Lowel, Pickering, Herschel, Arago, Voltaire e muitos outros, entre os quais Bernard de Fontenelle, que à época já publicava sua famosa obra *Entretiens sur la pluralité des mondes* (*Especulações sobre a pluralidade dos mundos*).

4. No século XIX também viveu Allan Kardec, nascido em 1804 e cujo verdadeiro nome era Hypolyte Léon Denizard Rivail. Homem de sólida cultura geral e filosófica, pedagogo e possuidor de profundos conhecimentos linguísticos, aos cinquenta anos foi levado a pesquisas sérias sobre manifestações mediúnicas, tornando-se, apesar do seu ceticismo, instrumento da revelação espírita, de cuja doutrina se tornou codificador.

Entre as questões que formulou aos espíritos sobre Deus, a criação e o Universo, colocou o problema da pluralidade dos mundos habitados, nos seguintes termos:

São habitados todos os globos que se movem no espaço?

Sim e o homem terreno está longe de ser, como supõe, o primeiro em inteligência, em bondade e em perfeição.

Entretanto, há homens que se têm por espíritos muito fortes e que imaginam pertencer a este pequenino globo o privilégio de conter seres racionais. Orgulho e vaidade! Julgam que só para eles criou Deus o Universo.[51]

Kardec acrescentou a seguinte nota:

Deus povoou de seres vivos os mundos, concorrendo todos esses seres para o objetivo final da Providência. Acreditar que só os haja no planeta que habitamos fora duvidar da sabedoria de Deus, que não fez coisa alguma inútil. Certo, a esses mundos há de ele ter dado uma destinação mais séria do que a de nos recrearem a vista.

Aliás, nada há, nem na posição, nem no volume, nem na constituição física da Terra, que possa induzir à suposição de que ela goze do privilégio de ser habitada, com exclusão de tantos milhares de milhões de mundos semelhantes.

5. Noutra passagem de *O Livro dos Espíritos* já havia escrito:

O Universo abrange a infinitude dos mundos que vemos e que não vemos, todos os seres animados e

---

51. LE, 55.

inanimados, todos os astros que se movem no espaço assim como os fluidos que o enchem.[52]

E noutro livro da codificação explicitou:

> A casa do Pai é o Universo. As diferentes moradas são os mundos que circulam no espaço infinito e oferecem, aos espíritos que neles encarnam, moradas correspondentes ao adiantamento dos mesmos espíritos.[53]

6. Assim como o espaço é infinito[54], infinito é também o Universo.

As pesquisas da NASA já detectaram uma quantidade incontável de galáxias. Uns calculam-nas em cem bilhões, outras falam em duzentos bilhões delas, mas, na realidade, seu número é inestimável. Elas variam de forma geométrica, tamanho e massa.

A Terra faz parte, como sabemos do Sistema Solar, situado na galáxia conhecida por *Via Láctea* (expressão latina que significa "Caminho de Leite"), da Mitologia grega, ou simplesmente *Galáxia*, cujo diâmetro é de aproximadamente 100.000 anos-luz.

Para se ter uma ideia da imensidão e infinitude do Espaço, basta dizer que, entre tantos bilhões de galáxias, a mais próxima da nossa, considerada sua irmã gêmea, a Galáxia de Andrômeda, dista atualmente cerca de 2,2 milhões de anos-luz.

---

52. LE, Parte Primeira, Cap. III. Formação dos mundos.
53. *O Evangelho segundo o Espiritismo*, Cap. III, tóp. 2.
54. LE, 35.

Seria absurdo supor-se que entre tantos bilhões de galáxias, cada uma delas contendo bilhões e bilhões (pelo menos, cem bilhões) de estrelas, em torno das quais possivelmente giram outros tantos planetas, somente a Terra gozasse o privilégio da vida.

Este raciocínio decorre dos conhecimentos científicos atuais. O homem hoje está convencido da existência de vida inteligente extraterrestre. Em 1992, o Jet Propulsion Laboratory lançou um levantamento do céu usando radiotelescópios. O High Resolution Microware Survey (HRMS) foi projetado para mapear todo o céu durante os próximos anos. Parte do estudo é voltada para a busca de inteligência extraterrestre, também conhecida como SETI (Search for Extraterrestrial Inteligence Institute). O HRMS foi conduzido pelo Centro de Pesquisas Ames, na área de San Francisco Bay. O JPL foi um centro colaborador. A parte do JPL no projeto usou radiotelescópios da Rede de Espaço Profundo na Califórnia e Austrália. Ames encabeçou uma busca de alvos selecionados com um enorme radiotelescópio de 300 metros em Porto Rico.[55]

O Prof. Renato Las Casas e Divina Mourão, da Universidade de Minas Gerais diz que a ciência acadêmica não acredita em discos voadores, mas acredita em vida extraterrestre inteligente e que nas últimas décadas têm sido travadas discussões, constantemente atualizadas, sobre a probabilidade de vida extraterrestre. Por todo o mundo, milhões de dólares anuais são gastos em pesquisas que buscam a detecção de sinais emitidos por civilizações extraterrestres.

---

55. Cortesia do Jet Propulsion Laboratory.

82 | José Naufel

O Prof. Berendzen, professor de astronomia e de história da ciência da Universidade de Boston, em 1972, abrindo o Simpósio patrocinado conjuntamente por essa Universidade e a NASA, focalizando o tema "A vida além da Terra e o pensamento do homem", afirmou que na década 1960/1970, a prova, embora circunstancial, tornou-se tão volumosa que, hoje, muitos cientistas, provavelmente a maioria, estão convencidos de que deve existir vida extraterrestre e possivelmente em enorme abundância. Agora, acrescentou ele, a questão não é mais saber *se, mas, onde e quando*, relativamente à busca.

VIDA INTELIGENTE EXTRATERRESTRE SEGUNDO A TEOLOGIA ESPÍRITA

7. Para a teologia segundo a ótica espírita, porém, sempre houve a certeza da existência de vida inteligente extraterrestre, porquanto assim foi revelado pelos espíritos.

A comprovação disso virá mais cedo ou mais tarde, daqui a quanto tempo não se sabe. Isto em relação ao homem atual no plano material. Alguns desencarnados já a tiveram, no entanto, como o espírito Humberto de Campos, que, pela psicografia de Francisco Cândido Xavier, nos relata ter ido a Marte, descrevendo esse planeta e a vida nele[56]. Na *Revue Spírite*, editada por Allan Kardec, há relatos de espíritos que descrevem a vida no pla-

---

56. V. o capítulo Marte do livro *Novas mensagens*, ed. FEB.

neta Júpiter e nos falam também de um planeta sem luz do Sistema Solar, mas com magnetismo e eletricidade.[57]

8. Estabelecida essa certeza, a preocupação passou a ser outra. Conforme se lê na questão 56 de *O Livro dos Espíritos:* "É a mesma a constituição física dos diferentes globos?", indagou Kardec aos espíritos. "Não; de modo algum se assemelham."

A exatidão dessa resposta está de há muito confirmada pela ciência. Sabemos que as estrelas são corpos gasosos amontoados de gases quentes, como o Sol, em cujo interior reinam temperaturas e pressões elevadíssimas e cuja periferia emite radiações luminosas. Já os planetas são incapazes de gerar energia e luz como as estrelas e possuem massa mais reduzida, sendo alguns extremamente condensados, como a Terra, e outros menos densos e mais gasosos, como Júpiter e Saturno. Os cometas, por sua vez, possuem constituição inteiramente diversa, compondo-se de três partes: *núcleo, cabeleira* e *cauda.* O núcleo é nebuloso, mas admite-se a existência de uma parte sólida nele, difícil de observar. A cabeleira é uma nebulosidade circular que se alonga e a cauda pode ser de *poeira* meteórica ou de *gases.*

Mas, não é só entre os diferentes tipos de corpos celestes que varia a constituição física. Entre os próprios planetas do Sistema Solar observam-se significativas diferenças. Uns, por exemplo, são mais densos (os chamados planetas interiores ou terrestres: Mercúrio, Vênus,

---

57. V. *Revista espírita* de março de 1868, tradução editada pela antiga EDICEL, de São Paulo, SP, em 12 volumes.

Terra e Marte); outros são menos densos e até mesmo fluídicos (os planetas gigantes ou exteriores: Júpiter, Saturno, Urano e Netuno; ignora-se quase tudo quanto a Plutão). Mercúrio tem 5,6 de densidade (em relação à água), mas Saturno apresenta apenas 0,69 de densidade. A Terra tem 5,52; Marte, 3,9 e Júpiter, 1,31. Supõe-se que nenhuma superfície sólida exista abaixo das nuvens da atmosfera de Júpiter, Saturno, Urano e Netuno. Inúmeras outras diferenças de constituição física existem entre os planetas e os diversos corpos celestes. Citaremos mais uma: os famosos *anéis* de Saturno, que se pensava não existirem nos demais planetas, mas que posteriormente foram encontrados em Urano pela sonda espacial Voyager-II e, posteriormente, em Júpiter.

Assim, mais uma vez, a ciência confirma as revelações dos espíritos.

9. Kardec, ante as respostas que ia obtendo, prosseguiu com suas indagações, na questão 57 de *O Livro dos Espíritos*:

> Não sendo uma só para todos a constituição física dos mundos, seguir-se-á tenham organizações diferentes os seres que os habitam?
>
> Sem dúvida, do mesmo modo que no vosso os peixes são feitos para viver na água e os pássaros no ar.

É óbvio que nos planetas de maior densidade, como a Terra, Mercúrio e Vênus, que por isso possuem superfície mais sólida, os seus habitantes hão de possuir um corpo físico mais denso, como o nosso. Em Marte, que só tem 70% da densidade da Terra, os seres deverão ter uma organização física no mínimo proporcional, isto é, pelo menos, 30% menos compacta que a dos terráqueos. Os habitantes de Saturno (planeta de densidade 0,69) terão expressões corpóreas provavelmente oito vezes menos densas que os habitantes do nosso planeta (densidade 5,52). E assim por diante.

10. Há globos também destinados a servir de habitação a espíritos puros, que não mais possuem corpos físicos, por não estarem mais sujeitos às reencarnações.

A expressão corpórea de um espírito que, embora ainda sujeito à palingênese (reencarnação) já alcançou elevado nível e, por isso, habita um *mundo feliz*, certamente será muito mais fluídica e quintessenciada que o perispírito de um terráqueo em bom nível evolutivo.

11. Kardec também indagou:

> Os mundos mais afastados do Sol estarão privados de luz e calor, por motivo de esse astro se lhes mostrar apenas com a aparência de uma estrela?
>
> Pensais então que não há outras fontes de luz e calor além do Sol e em nenhuma conta tendes a eletricidade que, em certos mundos, desempenha um papel que desconheceis e bem mais importante do que o que lhe cabe desempenhar na Terra? Demais, não dissemos que todos os seres são feitos de igual matéria que vós outros e com órgãos de conformação idêntica à dos vossos. As condições de existência dos seres

que habitam os diferentes mundos hão de ser adequadas ao meio em que lhes cumpre viver. Se jamais houvéramos visto peixes, não compreenderíamos pudesse haver seres que vivessem dentro d'água. Assim acontece com relação aos outros mundos, que sem dúvida contêm elementos que desconhecemos. Não vemos na Terra as longas noites polares iluminadas pela eletricidade das auroras boreais? Que há de impossível em ser a eletricidade, nalguns mundos, mais abundante do que na Terra e desempenhar neles uma função de ordem geral, cujos efeitos não podemos compreender? Bem pode suceder, portanto, que esses mundos tragam em si mesmos as fontes de calor e de luz necessárias a seus habitantes.[58]

Exemplo disso é Júpiter, um planeta que se constitui em poderosa fonte de emissão de rádio-ondas e que emite um fluxo energético, inexplicavelmente superior ao que recebe do Sol, ou seja, 2,7 vezes mais intenso. Os astrônomos acreditam que esse planeta deve emitir muita luz e calor oriundos de reações nucleares internas, o que lhe confere características de uma estrela em plena expansão.

12. Espíritos diversos nos têm revelado a existência de seres inteligentes em outros planetas do Sistema Solar, tais como Marte, Júpiter e Saturno. Assim, Humberto de Campos, espírito, no livro *Novas mensagens*; Emmanuel, nos livros *A Caminho da luz* e *Roteiro*; Maria João de Deus (que foi mãe de Chico Xavier), no livro *Cartas de*

---

58. LE, 58.

uma morta, todos psicografados por Francisco Cândido Xavier; diversos espíritos, como Mozart, Bernard Palissy e Alexandre Humboldt, cujas palestras estão publicadas na *Revue Spírite*, editada pelo próprio Allan Kardec na França e que, hoje pode ser encontrada, traduzida e publicada em edição da Edicel, de São Paulo. As referidas palestras estão no 1º volume da coleção lançada pela editora mencionada.

Nesses mundos, de constituição e densidade diferentes das da Terra, segundo esses espíritos, habitam seres de constituição física bem diversa da nossa. São seres mais fluídicos, que não caminham pesadamente sobre a crosta planetária, como nós, mas que deslizam suavemente sobre as superfícies dos globos que habitam. As habitações de Júpiter, por exemplo, são aéreas, embora haja cidades na crosta, destinadas aos jupiterianos menos evoluídos; o tráfego em Marte é aéreo e os veículos construídos de material muito leve, uma espécie de plástico. Para resumir, o estágio tecnológico e moral desses planetas, cada qual na sua faixa evolutiva própria, é claro, está muitos séculos e, em alguns, vários milênios mais avançado do que o da Terra.

Capítulo VII

AS DIVERSAS CATEGORIAS DE MUNDOS HABITADOS

1. JESUS DISSE:

>Não se turbe o vosso coração. Crede em Deus, crede também em mim. Há muitas moradas na casa de meu Pai; se assim não fosse, já eu vo-lo teria dito, pois me vou para vos preparar o lugar. Depois que me tenha ido e que vos houver preparado o lugar, voltarei e vos retirarei para mim, a fim de que onde eu estiver também vós aí estejais. (*João*, cap. XIV, vv. 1 a 3.)

2.
>A casa do Pai é o Universo. As diferentes moradas são os mundos que circulam no espaço infinito e oferecem aos espíritos que neles encarnam moradas correspondentes ao seu adiantamento.
>Independente da diversidade dos mundos, essas palavras de Jesus também podem referir-se ao esta-

do venturoso ou desgraçado do espírito na erraticidade. Conforme se ache este mais ou menos depurado e desprendido dos laços materiais, variarão ao
infinito o meio em que ele se encontre, o aspecto das
coisas, as sensações que experimenta, as percepções
que tenha. Enquanto uns não se podem afastar da
esfera onde viveram, outros se elevam e percorrem o
espaço e os mundos; enquanto alguns espíritos cul-
pados erram nas trevas, os bem-aventurados gozam
de resplendente claridade e do espetáculo sublime
do Infinito; finalmente, enquanto o mau, atormen-
tado de remorsos e pesares, muitas vezes insulado,
sem consolação, separado dos que constituíam objeto de suas afeições, pena sob o guante dos sofrimentos morais, o justo, em convívio com aqueles a
quem ama, frui as delícias de uma felicidade indi-
zível. Também nisso, portanto, há muitas moradas,
embora não circunscritas, nem localizadas.[59]

3. Essas palavras de Kardec, inspiradas nos ensinamentos dos espíritos, nos alertam para o ensinamento
de Jesus sobre a existência de muitas moradas na casa
do Pai. Isso dá sentido à grande diversidade de mundos,
tanto quanto à sua constituição, quanto à sua densidade
e aspectos. Cada um deles, ou melhor, cada grupo de
mundos semelhantes tem uma destinação. Os espíritos

---

59.   Assim começa o Capítulo III de *O Evangelho segundo o Espiritismo*, traduzido
da 3ª edição francesa pelo Dr. Guillon Ribeiro. Essa edição se tornou definitiva, por ter sido modificada por Allan Kardec de acordo com as instruções
dos espíritos. Esse capítulo tem o título *Há muitas moradas na casa de meu Pai*.
Dele nos utilizaremos no nosso texto, às vezes literalmente, porque exprime
a revelação dos espíritos sobre a matéria em estudo.

ensinam que muito diferentes umas das outras, são as condições dos mundos quanto ao grau de adiantamento ou de atraso dos seus habitantes.

Entre eles há alguns que são ainda inferiores aos da Terra, física e moralmente; outros, da mesma categoria que o nosso; e outros que lhe são mais ou menos superiores a todos os respeitos. Nos mundos inferiores, a existência é toda material, reinam soberanas as paixões, sendo quase nula a vida moral. À medida que esta se desenvolve, diminui a influência da matéria, de tal maneira que, nos mundos mais adiantados, a vida é, por assim dizer, toda espiritual.

4. Nos mundos intermédios, misturam-se o bem e o mal, predominando um ou outro, segundo o grau de adiantamento da maioria dos que os habitam. Embora se não possa fazer dos diversos mundos, uma classificação absoluta, pode-se, contudo, em virtude do estado em que se acham e da destinação que trazem, tomando por base os matizes mais salientes, dividi-los, de modo geral, como segue: **mundos primitivos**, destinados às primeiras encarnações da alma humana; **mundos de expiação e provas**, onde domina o mal; **mundos de regeneração**, nos quais as almas que ainda têm o que expiar haurem novas forças, repousando das fadigas da luta; **mundos felizes** ou **ditosos**, onde o bem sobrepuja o mal; **mundos celestes** ou **divinos**, habitações de espíritos depurados, onde exclusivamente reina o bem. A Terra pertence à categoria dos mundos de expiação e provas, razão por que aí vive o homem a braços com tantas misérias.

5. Os espíritos que encarnam em um mundo não se acham a ele presos indefinidamente, nem nele atravessam todas as fases do progresso que lhes cumpre realizar para atingir a perfeição.

Quando, em um mundo, eles alcançam o grau de adiantamento que esse mundo comporta, passam para outro mais adiantado, e assim por diante, até que cheguem ao estado de puros espíritos.

São outras tantas estações, em cada uma das quais se lhes deparam elementos de progresso apropriados ao adiantamento que já conquistaram. É-lhes uma recompensa ascenderem a um mundo de ordem mais elevada, como é um castigo o prolongarem a sua permanência em um mundo desgraçado, ou serem relegados para outro ainda mais infeliz do que aquele a que se veem impedidos de voltar quando se obstinaram no mal.

Destinação da Terra – causas das misérias humanas

6. Muitos se admiram de que na Terra haja tanta maldade e tantas paixões grosseiras, tantas misérias e enfermidades de toda natureza, e daí concluem que a espécie humana bem triste coisa é. Provém esse juízo do acanhado ponto de vista em que se colocam os que o emitem e que lhes dá uma falsa ideia do conjunto. Deve-se considerar que na Terra não está a Humanidade toda, mas apenas uma pequena fração da Humanidade. Com efeito, a espécie humana abrange todos os seres dotados

de razão que povoam os inúmeros orbes do Universo. Ora, que é a população da Terra, em face da população total desses mundos? Muito menos que a de uma aldeia, em confronto com a de um grande império. A situação material e moral da Humanidade terrena nada têm que espante desde que se leve em conta a destinação da Terra e a natureza dos que a habitam.

7. Faria dos habitantes de uma grande cidade falsíssima ideia quem os julgasse pela população dos seus quarteirões mais ínfimos e sórdidos. Num hospital, ninguém vê senão doentes e estropiados; numa penitenciária, veem-se reunidas todas as torpezas, todos os vícios; nas regiões insalubres, os habitantes, em sua maioria são pálidos, franzinos e enfermiços. Pois bem: figure-se a Terra como um subúrbio, um hospital, uma penitenciária, um sítio malsão, e ela é simultaneamente tudo isso, e compreender-se-á por que as aflições sobrelevam aos gozos, porquanto não se mandam para o hospital os que se acham com saúde, nem para as casas de correção os que nenhum mal praticaram; nem os hospitais e as casas de correção se podem ter por lugares de deleite.

Ora, assim como, numa cidade, a população não se encontra toda nos hospitais ou nas prisões, também na Terra não está a Humanidade inteira. E, do mesmo modo que do hospital saem os que se curaram e da prisão os que cumpriram suas penas, o homem deixa a Terra, quando está curado de suas enfermidades morais.

A parte até aqui transcrita de *O Evangelho segundo o Espiritismo* é de Allan Kardec. Mas, no fim do capítulo vêm as:

Instruções dos espíritos

Que são os ensinamentos dos espíritos a respeito do tema focalizado, os quais passamos a transcrever.

Mundos inferiores e mundos superiores

8. A qualificação de mundos inferiores e mundos superiores nada tem de absoluta; é, antes, muito relativa. Tal mundo é inferior ou superior com referência aos que lhe estão acima ou abaixo, na escala progressiva.

Tomada a Terra por termo de comparação, pode-se fazer ideia do estado de um mundo inferior, supondo os seus habitantes na condição das raças selvagens ou das nações bárbaras que ainda entre nós se encontram, restos do estado primitivo do nosso orbe. Nos mais atrasados, são de certo modo rudimentares os seres que os habitam. Revestem a forma humana, mas sem nenhuma beleza. Seus instintos não têm a abrandá-los qualquer sentimento de delicadeza ou de benevolência, nem as noções do justo e do injusto. A força bruta é, entre eles, a única lei. Carentes de indústrias e de invenções, passam a vida na conquista de alimentos. Deus, entretanto, a nenhuma de Suas criaturas abandona; no fundo das trevas da inteligência jaz, latente, a vaga intuição, mais ou menos desenvolvida, de um Ente supremo. Esse instinto basta para torná-los superiores uns aos outros e para lhes preparar a ascensão a uma vida mais completa, porquanto eles não são seres degradados, mas crianças que estão a crescer.

Entre os degraus inferiores e os mais elevados, inúmeros outros há, e difícil é reconhecer-se nos espíritos puros, desmaterializados e resplandecentes de glória, os que foram esses seres primitivos, do mesmo modo que no homem adulto se custa a reconhecer o embrião.

9. Nos mundos que chegaram a um grau superior, as condições da vida moral e material são muitíssimo diversas das da vida na Terra. Como por toda parte, a forma corpórea aí é sempre a humana, mas embelezada, aperfeiçoada e, sobretudo, purificada.

O corpo nada tem da materialidade terrestre e não está, conseguintemente, sujeito às necessidades, nem às doenças ou deteriorações que a predominância da matéria provoca. Mais apurados, os sentidos são aptos a percepções a que neste mundo a grosseria da matéria obsta. A leveza específica do corpo permite locomoção rápida e fácil: em vez de se arrastar penosamente pelo solo, desliza, a bem dizer, pela superfície, ou plana na atmosfera, sem qualquer outro esforço além do da vontade, conforme se representam os anjos, ou como os antigos imaginavam os manes nos Campos Elíseos. Os homens conservam, a seu grado, os traços de suas passadas migrações e se mostram a seus amigos tais quais estes os conheceram, porém, irradiando uma luz divina, transfigurados pelas impressões interiores, então sempre elevadas.

Em lugar de semblantes descorados, abatidos pelos sofrimentos e paixões, a inteligência e a vida cintilam com o fulgor que os pintores hão figurado no nimbo ou auréola dos santos.

A pouca resistência que a matéria oferece a espíritos já muito adiantados torna rápido o desenvolvimento dos corpos e curta ou quase nula a infância. Isenta de cuidados e angústias, a vida é proporcionalmente muito mais longa do que na Terra. Em princípio, a longevidade guarda proporção com o grau de adiantamento dos mundos. A morte de modo algum acarreta os horrores da decomposição; longe de causar pavor, é considerada uma transformação feliz, por isso que lá não existe a dúvida sobre o porvir. Durante a vida, a alma, já não tendo a constringi-la a matéria compacta, expande-se e goza de uma lucidez que a coloca em estado quase permanente de emancipação e lhe consente a livre transmissão do pensamento.

10. Nesses mundos venturosos, as relações, sempre amistosas entre os povos, jamais são perturbadas pela ambição, da parte de qualquer deles, de escravizar o seu vizinho, nem pela guerra que daí decorre. Não há senhores, nem escravos, nem privilegiados pelo nascimento; só a superioridade moral e intelectual estabelece diferença entre as condições e dá a supremacia. A autoridade merece o respeito de todos, porque somente ao mérito é conferida e se exerce sempre com justiça. O ho-

mem não procura elevar-se acima do homem, mas acima de si mesmo, aperfeiçoando-se. Seu objetivo é galgar a categoria dos espíritos puros, não lhe constituindo um tormento esse desejo, porém, uma ambição nobre, que o induz a estudar com ardor para igualá-los. Lá, todos os sentimentos delicados e elevados da natureza humana se acham engrandecidos e purificados; desconhecem-se os ódios, os mesquinhos ciúmes, as baixas cobiças da inveja; um laço de amor e fraternidade prende uns aos outros todos os homens, ajudando os mais fortes aos mais fracos. Possuem bens, em maior ou menor quantidade, conforme os tenham adquirido, mais ou menos por meio da inteligência; ninguém, todavia, sofre por lhe faltar o necessário, uma vez que ninguém se acha em expiação. Numa palavra: o mal, nesses mundos, não existe.

11. No vosso, precisais do mal para sentirdes o bem; da noite, para admirardes a luz; da doença, para apreciardes a saúde. Naqueles outros não há necessidade desses contrastes.

A eterna luz, a eterna beleza e a eterna serenidade da alma proporcionam uma alegria eterna, livre de ser perturbada pelas angústias da vida material, ou pelo contato dos maus, que lá não têm acesso. Isso o que o espírito humano, maior dificuldade encontra para compreender. Ele foi bastante engenhoso para pintar os tormentos do inferno, mas nunca pôde imaginar as alegrias do céu. Por quê? Porque, sendo inferior, só há experimentado dores e misérias, jamais entreviu as claridades celestes; não pode, pois, falar do que não conhece. À medida, porém, que se eleva e depura, o horizonte se lhe dilata e ele compreende o bem que está diante de si, como compreendeu o mal que lhe está atrás.

12. Entretanto, os mundos felizes não são orbes privilegiados, visto que Deus não é parcial para qualquer de Seus filhos; a todos dá os mesmos direitos e as mesmas facilidades para chegarem a tais mundos. Fá-los partir todos do mesmo ponto e a nenhum dota melhor do que aos outros; a todos são acessíveis as mais altas categorias: apenas lhes cumpre a eles conquistá-las pelo seu trabalho, alcançá-las mais depressa, ou permanecer inativos por séculos de séculos no lodaçal da Humanidade. (Resumo do ensino de todos os espíritos superiores).

Mundos de expiações e de provas

13. Que vos direi dos mundos de expiações que já não saibais, pois basta observeis o em que habitais. A superioridade da inteligência, em grande número dos seus habitantes, indica que a Terra não é um mundo primitivo, destinado à encarnação dos espíritos que acabaram de sair das mãos do Criador. As qualidades inatas que eles trazem consigo constituem a prova de que já viveram e realizaram certo progresso. Mas, também, os numerosos vícios a que se mostram propensos constituem o índice de grande imperfeição moral. Por isso os colocou Deus num mundo ingrato, para expiarem aí suas faltas, mediante penoso trabalho e misérias

da vida, até que hajam merecido ascender a um planeta mais ditoso.

14. Entretanto, nem todos os espíritos que encarnam na Terra vão para aí em expiação. As raças a que chamais selvagens são formadas de espíritos que apenas saíram da infância e que na Terra se acham, por assim dizer, em curso de educação, para se desenvolverem pelo contato com espíritos mais adiantados. Vêm depois as raças semicivilizadas, constituídas desses mesmos, os espíritos em via de progresso. São elas, de certo modo, raças indígenas da Terra, que aí se elevaram pouco a pouco em longos períodos seculares, algumas das quais hão podido chegar ao aperfeiçoamento intelectual dos povos mais esclarecidos.

Os espíritos em expiação, se nos podemos exprimir dessa forma, são exóticos, na Terra; já tiveram noutros mundos, donde foram excluídos em consequência da sua obstinação no mal e por se haverem constituído, em tais mundos, causa de perturbação para os bons. Tiveram de ser degradados, por algum tempo, para o meio de espíritos mais atrasados, com a missão de fazer que estes últimos avançassem, pois que levam consigo inteligências desenvolvidas e o gérmen dos conhecimentos que adquiriram. Daí vem que os espíritos em punição se encontram no seio das raças mais inteligentes. Por isso mesmo, para essas raças é que de mais amargor se revestem os infortúnios da vida. É que há nelas mais sensibilidade, sendo, portanto, mais provadas pelas contrariedades e desgostos do que as raças primitivas, cujo senso moral se acha mais embotado.

15. A Terra, conseguintemente, oferece um dos tipos de mundos expiatórios, cuja variedade é infinita, mas revelando todos, como caráter comum, o servirem de lugar de exílio para espíritos rebeldes à lei de Deus. Esses espíritos têm aí de lutar, ao mesmo tempo, com a perversidade dos homens e com a inclemência da Natureza, duplo e árduo trabalho que simultaneamente desenvolve as qualidades do coração e as da inteligência. É assim que Deus, em sua bondade, faz que o próprio castigo redunde em proveito do progresso do espírito. (*Santo Agostinho*. Paris, 1862)

Mundos regeneradores

16. Entre as estrelas que cintilam na abóbada azul do firmamento, quantos mundos não haverá como o vosso destinados pelo Senhor à expiação e à provação! Mas, também os há mais miseráveis e melhores, como os há de transição, que se podem denominar de regeneradores. Cada turbilhão planetário, a deslocar-se no espaço em torno de um centro comum, arrasta consigo seus mundos primitivos, de exílio, de provas, de regeneração e de felicidade. Já se vos há falado de mundos onde a alma recém-nascida é colocada, quando ainda ignorante do bem e do mal, mas com a possibilidade de caminhar para Deus, senhora de si mesma, na posse do livre-arbítrio. Já também se vos revelou que de amplas faculdades é dotada a alma para praticar o bem. Mas, ah! Há as que sucumbem, e Deus, que não as quer aniquiladas, lhes

permite irem para esses mundos onde, de encarnação em encarnação, elas se depuram, regeneram e voltam dignas da glória que lhes fora destinada.

17. Os mundos regeneradores servem de transição entre os mundos de expiação e os mundos felizes. A alma penitente encontra neles a calma e o repouso e acaba por depurar-se.

Sem dúvida, em tais mundos o homem ainda se acha sujeito às leis que regem a matéria; a Humanidade experimenta as vossas sensações e desejos, mas liberta das paixões desordenadas de que sois escravos, isenta do orgulho que impõe silêncio ao coração, da inveja que a tortura, do ódio que a sufoca. Em todas as frontes, vê-se escrita a palavra amor; perfeita equidade preside às relações sociais, todos reconhecem Deus e tentam caminhar para Ele, cumprindo-Lhe as leis.

Nesses mundos, todavia, ainda não existe a felicidade perfeita, mas a aurora da felicidade. O homem lá é ainda de carne e, por isso, sujeito às vicissitudes de que libertos só se acham os seres completamente desmaterializados. Ainda tem de suportar provas, porém, sem as pungentes angústias da expiação. Comparados à Terra, esses mundos são bastante ditosos e muitos dentre vós se alegrariam de habitá-los, pois que eles representam a calma após a tempestade, a convalescença após a moléstia cruel. Contudo, menos absorvido pelas coisas materiais, o homem divisa, melhor do que vós, o futuro; compreende a existência de outros gozos prometidos pelo Senhor aos que deles se mostrem dignos,

102 | José Naufel

quando a morte lhes houver de novo ceifado os corpos, a fim de lhes outorgar a verdadeira vida. Então, liberta, a alma pairará acima de todos os horizontes. Não mais sentidos materiais e grosseiros; somente os sentidos de um perispírito puro e celeste, a aspirar às emanações do próprio Deus, nos aromas de amor e de caridade que do seu seio emanam.

18. Mas, ah! nesses mundos, ainda falível é o homem e o espírito do mal não há perdido completamente o seu império.

Não avançar é recuar, e, se o homem não se houver firmado bastante na senda do bem, pode recair nos mundos de expiação, onde, então, novas e mais terríveis provas o aguardam.

Contemplai, pois, à noite, à hora do repouso e da prece, a abóbada azulada e, das inúmeras esferas que brilham sobre as vossas cabeças, indagai de vós mesmos quais as que conduzem a Deus e pedi-lhe que um mundo regenerador vos abra seu seio, após a expiação na Terra. (*Santo Agostinho*. Paris, 1862)

PROGRESSÃO DOS MUNDOS

19. O progresso é lei da Natureza. A essa lei todos os seres da criação, animados e inanimados, foram submetidos pela bondade de Deus, que quer que tudo se engrandeça e prospere.

A própria destruição, que aos homens parece o termo

final de todas as coisas, é apenas um meio de se chegar, pela transformação, a um estado mais perfeito, visto que tudo morre para renascer e nada sofre o aniquilamento.

Ao mesmo tempo em que todos os seres vivos progridem moralmente, progridem materialmente os mundos em que eles habitam. Quem pudesse acompanhar um mundo em suas diferentes fases, desde o instante em que se aglomeraram os primeiros átomos destinados a constituí-lo, vê-lo-ia a percorrer uma escala incessantemente progressiva, mas de degraus imperceptíveis para cada geração, e a oferecer aos seus habitantes uma morada cada vez mais agradável, à medida que eles próprios avançam na senda do progresso. Marcha assim, paralelamente, o progresso do homem, o dos animais, seus auxiliares, o dos vegetais e o da habitação, porquanto nada na Natureza permanece estacionário. Quão grandiosa é essa ideia e digna da majestade do Criador! Quanto, ao contrário, é mesquinha e indigna do seu poder a que concentra a sua solicitude e a sua providência no imperceptível grão de areia, que é a Terra, e restringe a Humanidade aos poucos homens que a habitam! Segundo aquela lei, este mundo esteve material e moralmente num estado inferior ao em que hoje se acha e se alçará sob esse duplo aspecto a um grau mais elevado. Ele há chegado a um dos seus períodos de transformação, em que, de orbe expiatório, mudar-se-á em planeta de regeneração, onde os homens serão ditosos, porque nele imperará a lei de Deus. (*Santo Agostinho*. Paris, 1862)

Capítulo VIII

DA CRIAÇÃO DOS SERES VIVOS

1. RELATIVAMENTE À CRIAÇÃO dos seres vivos ocorre a mesma coisa que em relação à criação dos mundos. A Bíblia trata do tema limitando-se à Terra, ou seja, à formação dos seres vivos na Terra.

2. A revelação espírita ao incluir no seu ensino a formação dos seres vivos na Terra deixa subentendido que a vida preexistia no Universo quando da formação do nosso planeta.

Nem poderia deixar de ser assim. Não se sabe quando o Universo foi criado. Já estudamos a criação dos mundos e sua pluralidade. A Terra é um planeta de existência mais ou menos recente. Está longe de ter sido formada nos primeiros tempos.

3. Assim, nada sabemos sobre a criação dos seres vivos no Universo. É provável que tenham sido formados

simultaneamente em milhões ou bilhões de mundos. Se não tivesse sido assim, não teria havido tempo suficiente para tantos espíritos terem percorrido as sendas da evolução e se tornado espíritos puros, alguns até cocriadores de impérios estelares.

A ciência também nada sabe. Limitar-nos-emos, portanto, a especular sobre a formação dos seres vivos na Terra.

Quando surgiram as espécies na Terra

4. Indagados sobre quando começou a Terra a ser povoada, preferiram os espíritos dizer que "no começo tudo era caos; os elementos estavam em confusão. Pouco a pouco cada coisa tomou o seu lugar. Apareceram então os seres vivos apropriados ao estado do globo."[60]

Referiam-se naturalmente às diversas eras geológicas já definidas pela ciência: a Arqueozoica, a Paleozoica ou Primária, a Mesozoica ou Secundária, a Cenozoica ou Terciária e a Antropozoica ou Quaternária.

5. A era Arqueozoica, pelo menos nos seus primeiros dois bilhões de anos, era o caos, o que coincide com a expressão usada pelos espíritos (que "no começo tudo era caos"). Admite-se que as primeiras manifestações de vida vegetal e algumas poucas de vida animal tenham ocorrido no período Pré-câmbrico, ou seja, na última etapa da era Arqueozoica.

---

60. LE, 42.

Por isso disseram os espíritos que "pouco a pouco cada coisa tomou o seu lugar. Apareceram então os seres vivos apropriados ao estado do globo". Isto é, a vida foi aparecendo na Terra à medida que a evolução geológica permitia o surgimento das diferentes espécies, *apropriadas ao estado do globo*.

As espécies, por sua vez, também evolveram ao longo das eras, apresentando inicialmente formas mais grosseiras, que se foram definindo e aprimorando no decorrer dos muitos milênios.

As eras Paleozoica (primária) e Mesozoica (Secundária), bem como a maior parte da Cenozoica (Terciária) servem de campo para as contínuas transformações das espécies, na busca progressiva das formas definitivas. O estado do globo também sofre alterações por efeito da inclinação do eixo planetário, causando o enorme resfriamento e gelificação dos polos e a distribuição dos oceanos e mares pelas várias regiões da Terra. Ocorrem os grandes dilúvios e as erupções vulcânicas. As camadas geológicas sedimentam-se após os múltiplos movimentos acomodatícios até atingirem relativa estabilidade e equilíbrio.

SURGIMENTO DO HOMEM NA TERRA

6. A ciência admite que, no último dos cinco períodos da era Cenozoica ou Terciária – o Plioceno – tenham surgido os primeiros antropoides.

E o homem? Seria desse mesmo período? Ou só terá

surgido no proscênio planetário no início da era cujo nome dele advém, a Antropozoica ou Quaternária?

Persiste a dúvida no campo da ciência, confirmando-se a assertiva dos espíritos de que quiméricos são todos os nossos cálculos para conhecer a época (precisa) do aparecimento do homem e dos outros seres vivos na Terra.

Temos, porém, a informação de André Luiz (espírito), quase um século após Kardec, de que:

> ...para alcançar a idade da razão, com o título de homem, dotado de raciocínio e discernimento, o ser, automatizado nos seus impulsos, na romagem para o reino angélico, despendeu para chegar aos primórdios da época quaternária, em que a civilização elementar do sílex denuncia algum primor de técnica, nada menos de um bilhão e meio de anos. Isso é perfeitamente verificável na desintegração natural de certos elementos radioativos na massa geológica do Globo. E entendendo-se que a Civilização aludida floresceu há mais ou menos duzentos mil anos, preparando o homem, com a bênção do Cristo, para a responsabilidade, somos induzidos a reconhecer o caráter recente dos conhecimentos psicológicos, destinados a automatizar na constituição fisiopsicossomática do espírito humano as aquisições morais que lhe habilitarão a consciência terrestre a mais amplo degrau de ascensão à Consciência Cósmica.[61]

---

61. André Luiz, em *Evolução em dois mundos*, psicografia de Francisco Cândido Xavier e Waldo Vieira, FEB, 1ª ed. especial, p.38.

7. Os cientistas têm se preocupado em esclarecer como a vida surgiu na Terra, sendo que a hipótese geralmente mais aceita é a que resulta dos trabalhos do bioquímico soviético Alexandre Ivanovitch *Oparin* e do geneticista inglês John B. S. *Haldane*, na década de 1920.

Sustentaram eles que moléculas iguais às de que se constituem os seres vivos atuais devem ter se formado nas condições características da Terra primitiva. Eram essas condições: atmosfera composta de vapor d'água, metano, amônia e hidrogênio; ocorrência de constantes e violentas tempestades após as quais se processava rapidamente a evaporação da maior parte das águas, em virtude da alta temperatura planetária a esse tempo; muitas descargas elétricas; bombardeamento do planeta por radiações ultravioletas e grandes erupções vulcânicas.

Essas diferentes fontes de energia tais como calor, radiações ionizantes, energia elétrica, radiações ultravioletas, incidindo sobre as moléculas da atmosfera, causaram ruptura das ligações dos átomos de hidrogênio com o carbono do metano e do nitrogênio da amônia com o oxigênio da água. Com isso, ocorreram novas e rápidas recombinações atômicas, das quais se originaram outras moléculas, maiores e mais complexas. Essas moléculas foram carreadas pelas águas das chuvas para os mares primitivos.

As moléculas orgânicas simples, formadas como vimos (álcoois, ácidos, aminoácidos, açúcares e bases orgânicas, constituídas por pequenas cadeias de carbono), sofrem inúmeras reações químicas nas verdadeiras soluções de material orgânico, em que se transformaram

110 | JOSÉ NAUFEL

os mares primitivos. Daí resultaram as moléculas orgânicas complexas, os *coacervados* e as *microsferas*[62]. Essa é a chamada *teoria da evolução molecular*.

Daí não se infere que os seres vivos se tenham originado dos coacervados de Oparin ou das microsferas de Fox. Com sua teoria, a ciência pretende apenas demonstrar como se processou a formação de sistemas isolados em determinadas condições físico-químicas e que a seleção desses sistemas, cada vez mais perfeitos e complexos na sua organização, teria ensejado o surgimento dos primeiros seres vivos.[63]

Mas, a ciência não consegue, ainda, explicar o fenômeno da vida. Ela estaca, de repente, ao atingir o ponto mais avançado das hipóteses de Oparin, Haldane e Fox.

A ELUCIDAÇÃO TEOLÓGICA ESPÍRITA

8. A revelação espírita, entretanto, tem a solução do enigma, indo além da teoria da evolução molecular, quando nos informa que:

Sob a orientação misericordiosa e sábia do Cristo,

---

62. *Coacervados* são aglomerados de moléculas de proteína que se formam em virtude de alteração do grau de acidez do coloide. *Microsferas* são esferas do mesmo tamanho e forma envolvidas por uma dupla membrana, obtidas de proteínas, por Fox.

63. A hipótese de Oparin foi testada experimentalmente pelo cientista americano Stanley Miller, em 1953. Ele construiu um aparelho no qual colocou hidrogênio, amoníaco e metano e reproduziu, no seu interior, as condições da Terra primitiva, conseguindo produzir moléculas de aminoácidos, idênticas às proteínas que constituem os seres vivos atuais. Experiência semelhante foi realizada com êxito por Abelson.

laboravam na Terra numerosas assembleias de operários espirituais.

Como a engenharia moderna, que constrói um edifício prevendo os menores requisitos de sua finalidade, os artistas da espiritualidade edificavam o mundo das células iniciando, nos dias primevos, a construção das formas organizadas e inteligentes dos séculos porvindouros.

O ideal de beleza foi a sua preocupação dos primeiros momentos, no que se referia às edificações celulares das origens.

É por isso que, em todos os tempos, a beleza, junto à ordem, constituiu um dos traços indeléveis de toda a criação.

As formas de todos os reinos da natureza terrestre foram estudadas e previstas. Os fluidos da vida foram manipulados de modo a se adaptarem às condições físicas do planeta, encenando-se as construções celulares segundo as possibilidades do ambiente terrestre, tudo obedecendo a um plano preestabelecido pela misericordiosa sabedoria do Cristo, consideradas as leis do princípio e do desenvolvimento geral.[64]

9. Assim, a formação das células primordiais, que verteram da "camada de matéria gelatinosa" que "envolvera o orbe terrestre em seus mais íntimos contornos"[65], não se dera por acaso. Obedecera, sim, ao comando espi-

---

64. Emmanuel, em *A caminho da luz*, psicografia de Francisco Cândido Xavier; FEB, 32ª ed., pp. 25 e 26.
65. Aut.e ob. cits., p. 26. O autor espiritual se referia à "sopa nutritiva" de Oparin, que revestia a crosta terrestre e da qual surgiram as primeiras células que formariam os seres vivos..

ritual dos obreiros do plano extrafísico, sob a orientação do Cristo planetário.

Esses Gênios Construtores, como os denomina André Luiz, foram responsáveis pela formação dos seres vivos na Terra, através das eras, partindo das células albuminoides, passando pelos seres rudimentares, as amebas e todas as organizações unicelulares.

Decorrido muito tempo, "os reinos vegetal e animal parecem confundidos nas profundidades oceânicas."

> Milhares de anos foram precisos aos operários de Jesus, no serviço de elaboração paciente das formas. Até que um dia as hostes do invisível operaram uma definitiva transição no corpo perispiritual preexistente, dos homens primitivos, nas regiões siderais e em certos intervalos de suas reencarnações. Surgem os primeiros selvagens de compleição melhorada, tendendo à elegância dos tempos do porvir.[66]

Os elementos orgânicos antes da formação da Terra

10. Mas, "onde estavam os elementos orgânicos, antes da formação da Terra?". Foi a indagação de Kardec.

Esclareceram os espíritos: "Achavam-se, por assim dizer, em estado de fluido no Espaço, no meio dos espíritos, ou em outros planetas, à espera da criação

---

66. Aut. e ob. cits., pp. 26, 27, 31 e 32.

da Terra para começarem a existência nova em novo globo."[67]

Temos, assim, segundo a revelação espírita, duas fontes de elementos orgânicos fora da Terra, anteriormente à sua formação e que foram trazidos para ela, quando já o permitia o estado do globo, isto é, suas condições geológicas e ambientais:

a)   o Espaço (onde esses elementos se encontravam, por assim dizer, em forma de fluido; e

b)   outros planetas.

Voltamos a lembrar que a doutrina espírita foi codificada por Allan Kardec na década de 1850 e que *O Livro dos Espíritos* foi publicado em 18 de abril de 1857.

A essa época, no mundo científico predominava a teoria da geração espontânea (*abiogênese*), como hipótese de formação dos seres vivos.

Essa teoria fora contestada experimentalmente, em 1688, pelo físico italiano Francesco Redi.[68] Devido, entretanto, ao fato de, dez anos depois, o holandês Antony Van Leewenhoek haver observado a existência de micro-organismos na água aparentemente pura, prolongou-se o debate sobre a geração espontânea por mais dois séculos.

Por volta de 1860, a teoria da geração espontânea caiu

---

67.   LE, 45.

68.   Ele provou que as larvas da carne podre se originam de ovos de moscas que nela pousavam e não da carne em estado de putrefação, como sustentavam os adeptos da teoria da geração espontânea.

definitivamente por terra, em virtude de haver Louis Pasteur demonstrado que o aparecimento de micro-organismos resulta única e exclusivamente da contaminação dos tubos de cultura por germens do ar. Desde que seja impedida a entrada destes no recipiente, permanece estéril a solução nutritiva aí contida.

As experiências de Pasteur foram confirmadas pela descoberta dos esporos de bactérias, por Tyndall, que desenvolveu um método para esterilizar infusões de feno, mediante fervuras sucessivas, intercaladas com fases de repouso. Essas infusões de feno haviam sido objeto das referidas observações de Leewenhoek, das quais se originou o ressurgimento da teoria da geração espontânea desses micro-organismos em tais infusões.

11. Em 1907, depois dessas convulsões científicas sobre a *abiogênese* e a *biogênese*, o químico sueco Svante Arrhenius propôs outra teoria fascinante: a *Panspermia*: a vida teria vindo do espaço e não da própria Terra.

Formas elementares de vida podiam ter viajado de mundo em mundo através do espaço interestelar.

Nos primeiros anos da década de 1980, os astrônomos ingleses Fred Hoyle e Chandra Wickamasinghe, em artigo na revista *Nature*, sustentaram a possibilidade de uma ação sintetizadora de moléculas complexas no profundo frio cósmico, uma vez que uma enorme quantidade dessas moléculas já fora detectada em nuvens interestelares. Para Goldanskii, cientista russo, tais moléculas seriam autênticas sementes de vida. Fred Hoyle elaborou, então, a hipótese de que os cometas teriam trazido a vida para o nosso planeta, por terem condições de provocar o aparecimento dessas sementes.

12. Franscis Crick, professor de pesquisas no Instituto Salk e Prêmio Nobel de Fisiologia (Medicina) em 1962, em artigo publicado em *The New York Times*, em 1981[69], levanta a hipótese da possibilidade de ter a vida começado muito mais cedo nalgum planeta de um astro distante, talvez há 8 ou 10 bilhões de anos, dando origem a uma civilização mais adiantada, semelhante à nossa, que se teria desenvolvido ao tempo em que a Terra fora formada. Tais criaturas, integrantes dessa civilização, talvez acreditassem que a origem da vida por elementos químicos simples fosse muito rara, porque, embora muitos planetas tivessem um "caldo" orgânico rico, quase todos eram destituídos de vida. Por isso, possivelmente tenham desenvolvido uma tecnologia para difundir a vida nas vastidões espaciais e semear esses planetas estéreis, inclusive o nosso. Devido à possibilidade de uma viagem interespacial para alcançar um planeta adequado à vida durar até milhares de anos, teriam imaginado ser melhor enviar organismos que pudessem sobreviver a uma viagem muito longa. Para isso, ideais seriam as bactérias, não só por serem fáceis de distribuir, de vingar e de multiplicar-se no oceano primitivo, mas também poderem ser conservadas quase indefinidamente em temperaturas muito baixas.

Essa é a Teoria da Panspermia Direta, concebida por

---

69. Esse artigo foi reproduzido no *Jornal do Brasil* de 13.12.1981, Caderno Especial, p. 6.

116 | José Naufel

Franscis Crick, juntamente com o químico inglês Leslie Orgel.

13. Temos, assim, três teorias para explicar a origem da vida na Terra:

a) a Teoria Oparin-Haldane, segundo a qual a vida teria começado no nosso próprio planeta, vertendo do "caldo nutritivo primordial", ou da "imensa geleia viscosa", ou ainda, do protoplasma de que se revestira a crosta planetária;

b) a Teoria da Panspermia, a qual propõe que micro-organismos – formas elementares de vida – estariam disseminados no Espaço e teriam sido semeados nos planetas, inclusive o nosso, pelos cometas; e,

c) a Teoria da Panspermia Direta, pela qual esses micro-organismos, possivelmente bactérias, teriam sido enviados por civilizações semelhantes à nossa, porém mais adiantadas, para semear a vida noutros mundos.

14. Cumpre observar que as três citadas teorias elaboradas pelos cientistas coincidem, em termos gerais, com a revelação feita pelos espíritos a Kardec, a partir da questão 43, nos seguintes termos:

15.

"Formação dos seres vivos"
43. Quando começou a Terra a ser povoada?
No começo tudo era caos; os elementos estavam

em confusão. Pouco a pouco cada coisa tomou o seu lugar. Apareceram então os seres vivos apropriados ao estado do globo.

44. Donde vieram para a Terra os seres vivos?

A Terra lhes continha os germens, que aguardavam momento favorável para se desenvolverem. Os princípios orgânicos se congregaram desde que cessou a atuação da força que os mantinha afastados, e formaram os germens de todos os seres vivos. Estes germens permaneceram em estado latente de inércia, como a crisálida e as sementes das plantas, até o momento propício ao surto de cada espécie. Os seres de cada uma destas se reuniram, então, e se multiplicaram.

45. Onde estavam os elementos orgânicos, antes da formação da Terra?

Achavam-se, por assim dizer, em estado de fluido no Espaço, no meio dos espíritos, ou em outros planetas, à espera da criação da Terra para começarem existência nova em novo globo.

A Química nos mostra as moléculas dos corpos inorgânicos unindo-se para formarem cristais de uma regularidade constante, conforme cada espécie, desde que se encontrem nas condições precisas. A menor perturbação nestas condições basta para impedir a reunião dos elementos, ou, pelo menos, para obstar à disposição regular que constitui o cristal.

Por que não se daria o mesmo com os elementos orgânicos? Durante anos se conservam germens de plantas e de animais, que não se desenvolvem senão a uma certa temperatura e em meio apropriado. Têm-se visto grãos de trigo germinar depois de séculos. Há, pois, nesses germens um princípio latente de vitalidade, que apenas espera uma circunstância favorável para se desenvolver. O que diariamente ocorre debaixo das nossas vistas, por que não pode ter ocorrido desde a origem do globo terráqueo? A formação dos seres vivos, saindo eles do caos pela força mesma da Natureza, diminui de alguma coisa a grandeza de Deus? Longe disso: corresponde melhor à ideia que fazemos do Seu poder a se exercer sobre a infinidade dos mundos por meio de leis eternas. Esta teoria não resolve, é verdade, a questão da origem dos elementos vitais; mas, Deus tem seus mistérios e pôs limites às nossas investigações.

46. Ainda há seres que nasçam espontaneamente?

Sim, mas o gérmen primitivo já existia em estado latente. Sois todos os dias testemunhas desse fenômeno. Os tecidos do corpo humano e o dos animais não encerram os germens de uma multidão de vermes que só esperam, para desabrochar, a fermentação pútrida que lhes é necessária à existência? É um mundo minúsculo que dormita e se cria.

47. A espécie humana se encontrava entre os elementos orgânicos contidos no globo terrestre?

Sim, e veio a seu tempo. Foi o que deu lugar a que se dissesse que o homem se formou do limo da terra.

48. Poderemos conhecer a época do aparecimento do homem e dos outros seres vivos na Terra?

Não; todos os vossos cálculos são quiméricos.

49. Se o gérmen da espécie humana se encontrava entre os elementos orgânicos do globo, por que não se formam espontaneamente homens, como na origem dos tempos?

O princípio das coisas está nos segredos de Deus.

Entretanto, pode dizer-se que os homens, uma vez espalhados pela Terra, absorveram em si mesmos os elementos necessários à sua própria formação, para os transmitir segundo as leis da reprodução. O mesmo se deu com as diferentes espécies de seres vivos.

16. Como se vê, as respostas dos espíritos não divergem do pensamento científico. Muito pelo contrário, completam-no e explicitam-no. Mesmo que houvesse divergência, é de notar-se que a ciência ainda não tem uma posição definitiva, mas apenas teorias que divergem ligeiramente entre si, mais nos detalhes do que no fundo.

Capítulo IX

O POVOAMENTO DA TERRA, A DIVERSIDADE DE RAÇAS E A EVOLUÇÃO DOS POVOS

❖────★────❖

1. PASSEMOS À QUESTÃO do povoamento da Terra. A narração bíblica a respeito de Adão e Eva não corresponde à verdade dos fatos, sendo meramente simbólica, de acordo com a imaginação do homem daquela época.

Isso foi objeto de preocupação para Kardec, que indagou aos espíritos na questão 50 de *O Livro dos Espíritos*: "A espécie humana começou por um único homem? Não; aquele a quem chamais Adão não foi o primeiro, nem o único a povoar a Terra."

Essa resposta foi bem objetiva, uma negativa peremptória quanto a representar Adão o início da espécie humana na Terra, mas não implicou em negar a existência dele, como se vê da continuação do diálogo, na questão 51:

Poderemos saber em que época viveu Adão?

Mais ou menos na que lhe assinais: cerca de 4.000 anos antes do Cristo.

O homem, cuja tradição se conservou sob o nome de Adão, foi dos que sobreviveram, em certa região, a alguns dos grandes cataclismos que revolveram em diversas épocas a superfície do globo, e se constituiu tronco de uma das raças que atualmente o povoam. As leis da Natureza se opõem a que os progressos da Humanidade, comprovados muito tempo antes do Cristo, se tenham realizado em alguns séculos, como houvera sucedido se o homem não existisse na Terra senão a partir da época indicada para a existência de Adão.

Muitos, com mais razão, consideram Adão um mito ou uma alegoria que personifica as primeiras idades do mundo.

Realmente, um único homem não teria como povoar a Terra. É quimérica a história de que Deus criou Eva de uma costela de Adão. Primeiro, essa forma de criar não condiz com os poderes divinos, que não necessitariam de algo para servir de origem ao ser. Se Deus criou Adão poderia criar Eva sem depender dele. Segundo, seria absurdo supor-se que um único casal seria capaz de dar origem a toda a humanidade. Por outro lado, como se explicaria a diversidade das raças?

2. A revelação espírita, que é permanente, contínua e gradativa, completou mais tarde o ensinamento dos espíritos a esse respeito, de forma mais detalhada e explícita, pelo magistério do espírito Emmanuel.

Sabemos que os inúmeros mundos do Universo são habitados, estando as respectivas humanidades sujeitas à lei da evolução. Sabemos igualmente que os mundos são solidários e o que se faz em um pode-se fazer em outros da mesma categoria.

Narra Emmanuel que, há muitos milênios,

> ...um dos orbes de Capela, que guarda muitas afinidades com o globo terrestre, atingira a culminância de um dos seus extraordinários ciclos evolutivos, semelhante às transições esperadas para um futuro indefinido no nosso planeta.
>
> Alguns milhões de espíritos rebeldes foram exilados de Capela e, por deliberação das grandes comunidades espirituais, diretoras do Cosmos, foram localizados aqui na Terra longínqua, onde aprenderiam a realizar, na dor e nos trabalhos penosos do seu ambiente, as grandes conquistas do coração, impulsionando simultaneamente o progresso dos seus irmãos inferiores que aqui já se encontravam.
>
> Reencarnaram no seio das raças ignorantes e primitivas, a lembrarem o paraíso perdido nos firmamentos distantes.
>
> Com eles nasceram no orbe os ascendentes das raças brancas. Na sua maioria, estabeleceram-se na Ásia, de onde atravessaram o istmo de Suez para a África, na região do Egito, encaminhando-se igualmente para a longínqua Atlântida, de que várias regiões da América guardam assinalados vestígios.
>
> Com o transcurso dos anos, formaram quatro grandes grupos: o grupo dos árias, a civilização do Egito, o povo de Israel e as castas da Índia.
>
> Dos árias descende a maioria dos povos bran-

cos da família indo-europeia, devendo-se, porém, incluir nessa descendência os latinos, os celtas e os gregos, além dos germanos e dos eslavos.

As quatro grandes massas de degredados formaram os pródromos de toda a organização das civilizações futuras, introduzindo os mais largos benefícios no seio da raça amarela e da raça negra, que já existiam.[70]

Essas duas raças foram originárias na Terra e decorreram da evolução dos primeiros antropoides selvagens que aqui se formaram, cuja constituição e educação se foram aprimorando pouco a pouco.

3. Santo Agostinho espírito, numa mensagem recebida pela equipe mediúnica de Kardec, em Paris, em 1862, nos adverte de que:

> ...as raças que chamamos selvagens são formadas de espíritos que saíram da infância e que aqui na Terra se acham, por assim dizer, em curso de educação, para se desenvolverem pelo contato com espíritos mais adiantados. Vêm depois as raças semicivilizadas, constituídas desses mesmos espíritos em via de progresso. São elas, de certo modo, raças indígenas da Terra, que aí se elevaram pouco a pouco em longos períodos seculares, algumas das quais hão podido chegar ao aperfeiçoamento intelectual dos povos mais esclarecidos.
>
> Os espíritos em expiação, se nos podemos exprimir dessa forma, são exóticos na Terra; já viveram

---

70. Emmanuel, ob. cit., pp. 34 e 38.

Os mistérios do Universo | 125

noutros mundos, donde foram excluídos em consequência de sua obstinação no mal e por se haverem constituído, em tais mundos, causa de perturbação para os bons.[71]

4. Vê-se assim que se identificam as revelações feitas por Santo Agostinho e por Emmanuel. Este acrescenta que:

> ...não obstante as lições recebidas da palavra sábia e mansa do Cristo, os homens brancos olvidaram os seus sagrados compromissos. Grande percentagem daqueles espíritos rebeldes, com muitas exceções, só pôde voltar ao país da luz e da verdade depois de muitos séculos de sofrimentos expiatórios; outros, porém, infelizes e retrógrados, permanecem ainda na Terra, nos dias que correm, contrariando a regra geral, em virtude do seu elevado passivo de débitos clamorosos.[72]

5. O advento dos Capelinos na Terra explica muitas passagens da Bíblia. Uma delas é a expulsão de Adão e Eva do Paraíso, que constitui uma alusão ao exílio daqueles espíritos do mundo de Capela. Isso gerou a lenda do Paraíso Perdido, para que o homem e a mulher passassem a sofrer as agruras da Terra: o homem ganhando o pão com o suor do rosto e mediante árduos trabalhos e a mulher dando à luz entre dores e lágrimas. A referên-

---

71. *O Evangelho segundo o Espiritismo*, Cap. III, INSTRUÇÕES DOS ESPÍRITOS, item 14.
72. Emmanuel, ob. cit., p. 37.

cia à futura vinda do Messias decorreu de terem aqueles espíritos ouvido as promessas do Cristo.

6. Proclama Emmanuel:

> Todos os povos o esperavam em seu seio acolhedor; todos o queriam, localizando em seus caminhos a sua expressão sublime e divinizada. Todavia, apesar de surgir um dia no mundo, como Alegria de todos os tristes e Providência de todos os infortunados, à sombra do tronco de Jessé, o Filho de Deus, em todas as circunstâncias seria o Verbo de Luz e de Amor do Princípio, cuja genealogia se confunde na poeira dos sóis que rolam no Infinito.

7. Jesus, aliás, como nosso Cristo Planetário nunca abandonou a Humanidade terrestre, sempre esteve atento aos seus erros e às suas quedas, procurando enviar-lhes sua Luz e Sabedoria por meio de mensageiros dedicados, com a missão de aconselhá-los, reerguê-los e procurar reconduzi-los a caminho da Luz.

Não foi por acaso que se desenvolveu a história da civilização. Como certifica Emmanuel, "do plano invisível e em todos os tempos, os espíritos abnegados acompanharam a Humanidade em seus dias de martírio e glorificação, lutando sempre pela paz e pelo bem de todas as criaturas".[73]

8. Verificamos que a Humanidade teve uma longa evolução, iniciando por um período selvagem e pas-

---

73. Ob. cit., p. 170.

sando por sucessivas e lentas épocas em que se tornou semicivilizada, vivendo o período feudal para alcançar finalmente o Renascimento. "Uma nova era despontava para a Humanidade terrestre, com a assistência contínua do Cristo, cujos olhos misericordiosos acompanham a evolução dos homens, lá dos arcanos do Infinito".[74]

9. Durante essa longa evolução, as nações se formaram de acordo com a índole e as afinidades de cada povo, como o reconhecem a própria História e o Direito.

Nação é um conjunto de indivíduos ligados por um ponto comum, ou porque sejam da mesma raça, ou porque professem a mesma religião, tenham um ideal comum, ou por qualquer outro motivo que os vincula socialmente entre si. É sinônimo de povo. Existe, ainda que não tenha um território para fixar-se. Pode transformar-se em Estado, sendo muito conhecida a definição: Estado é a *nação politicamente* organizada.

Pode-se dizer que cada povo, cada nação tem sua alma, uma personalidade coletiva.

É ainda Emmanuel na sua magnífica *História da civilização à luz do espiritismo – a caminho da luz –* que nos diz que:

> ...a atuação do mundo espiritual proporciona à história humana a perfeita caracterização da alma coletiva dos povos. Como os indivíduos, as coletividades também voltam ao mundo pelo caminho da reencarnação. É assim que vamos encontrar antigos

---

74. Aut. e ob. cits., p. 170.

fenícios na Espanha e em Portugal, entregando-se de novo às suas predileções pelo mar. Na antiga Lutécia, que se transformou na famosa Paris do Ocidente, vamos achar a alma ateniense nas suas elevadas indagações filosóficas e científicas, abrindo caminhos claros ao direito dos homens e dos povos. Andemos mais um pouco e acharemos na Prússia o espírito belicoso de Esparta, cuja educação defeituosa e transviada construiu o espírito detestável do pangermanismo na Alemanha da atualidade. Atravessamos a Mancha e deparar-se-nos-á na Grã-Bretanha a edilidade romana, com a sua educação e a sua prudência, retomando de novo as rédeas perdidas do Império Romano, para beneficiar as almas que aguardaram, por tantos séculos, a sua proteção e o seu auxílio.[75]

---

75. Ob. cit., pp. 169 e 170.

Capítulo X

DA PLURALIDADE DAS EXISTÊNCIAS – A REENCARNAÇÃO

❖———★———❖

1. PRINCÍPIO BÁSICO DA teologia segundo a ótica espírita é a reencarnação, como meio de realização da pluralidade das existências e do cumprimento da lei da evolução.

Nisto ela difere das teologias que têm como dogma a unicidade da existência.

A vida única transformaria Deus num Pai injusto, porquanto não permitiria a remissão dos pecados, nem daria possibilidade a que os espíritos se regenerassem. Os maus estariam inexoravelmente condenados ao fogo do inferno, sem qualquer apelo. Outros teriam como prêmio o céu, nem sempre merecido. É verdade que aos que erraram de modo não mortal restaria a esperança do purgatório, onde teriam possibilidade de vir a conquistar o céu. Mas, os que tiverem sido condenados ao inferno não têm qualquer possibilidade de salvação. E o que dizer daqueles cujo destino for o limbo, por não terem sido batizados?

2. Allan Kardec preocupou-se com essa questão e com a justiça divina, mantendo o seguinte diálogo em *O Livro dos Espíritos*:

> 166. Como pode a alma, que não alcançou a perfeição durante a vida corpórea, acabar de depurar-se?
> – Sofrendo a prova de uma nova existência.
> a) Como realiza essa nova existência? Será pela sua transformação como espírito?
> – Depurando-se, a alma indubitavelmente experimenta uma transformação, mas para isso necessária lhe é a prova da vida corporal.
> b) A alma passa então por muitas existências corporais?
> – Sim, todos contamos muitas existências. Os que dizem o contrário pretendem manter-vos na ignorância em que eles próprios se encontram. Esse o desejo deles.
> c) Parece resultar desse princípio que a alma, depois de haver deixado um corpo, toma outro, ou, então, que reencarna em novo corpo. É assim que se deve entender?
> – Evidentemente.

3. Estava afirmado o princípio básico da reencarnação. Pelo que Kardec prosseguiu:

Da pluralidade das existências
167. Qual o fim objetivado com a reencarnação?

Expiação, melhoramento progressivo da Humanidade.

Sem isto, onde a justiça?

168. É limitado o número das existências corporais, ou o espírito reencarna perpetuamente?

A cada nova existência, o espírito dá um passo para diante na senda do progresso. Desde que se ache limpo de todas as impurezas, não tem mais necessidade das provas da vida corporal.

169. É invariável o número das encarnações para todos os espíritos?

Não; aquele que caminha depressa, a muitas provas se forra. Todavia, as encarnações sucessivas são sempre muito numerosas, porquanto o progresso é quase infinito.

170. O que fica sendo o espírito depois da sua última encarnação?

Espírito bem-aventurado; puro espírito.

Justiça da reencarnação
171. Em que se funda o dogma da reencarnação?

Na justiça de Deus e na revelação, pois incessantemente repetimos: o bom pai deixa sempre aberta a seus filhos uma porta para o arrependimento. Não te diz a razão que seria injusto privar para sempre da felicidade eterna todos aqueles de quem não dependeu o melhorarem-se? Não são filhos de Deus todos os homens? Só entre os egoístas se encontram a iniquidade, o ódio implacável e os castigos sem remissão. Todos os espíritos tendem para a perfeição e Deus lhes faculta os meios de alcançá-la, proporcionando-lhes as provações da vida corporal. Sua justiça, porém, lhes concede realizar, em novas existências, o que não puderam fazer ou concluir numa primeira prova.

Não obraria Deus com equidade, nem de acordo com a Sua bondade, se condenasse para sempre os que talvez hajam encontrado, oriundos do próprio meio onde foram colocados e alheios à vontade que os animava, obstáculos ao seu melhoramento. Se a sorte do homem se fixasse irrevogavelmente depois da morte, não seria uma única a balança em que Deus pesa as ações de todas as criaturas e não haveria imparcialidade no tratamento que a todas dispensa.

A doutrina da reencarnação, isto é, a que consiste em admitir para o espírito muitas existências sucessivas, é a única que corresponde à ideia que formamos da justiça de Deus para com os homens que se acham em condição moral inferior; a única que pode explicar o futuro e firmar as nossas esperanças, pois que nos oferece os meios de resgatarmos os nossos erros por novas provações. A razão no-la indica e os espíritos a ensinam.

O homem, que tem consciência da sua inferioridade, haure consoladora esperança na doutrina da reencarnação. Se crê na justiça de Deus, não pode contar que venha a achar-se, para sempre, em pé de igualdade com os que mais fizeram do que ele.

Sustém-no, porém, e lhe reanima a coragem a ideia de que aquela inferioridade não o deserda eternamente do supremo bem e que, mediante novos esforços, dado lhe será conquistá-lo.

Quem é que, ao cabo da sua carreira, não deplora haver tão tarde ganho uma experiência de que já não mais pode tirar proveito? Entretanto, essa experiência tardia não fica perdida; o espírito a utilizará em nova existência.

4. Vê-se assim que a teologia espírita tem seus dogmas, entendidos estes como princípios básicos, mas não é dogmática, no sentido de que não os impõe à fé cega. A fé espírita é raciocinada. Tudo tem que passar pelo crivo da razão. Ninguém é obrigado a aceitar como verdade o que ela rejeita. Por isso, Kardec foi minucioso nas suas indagações aos espíritos e argumentava com eles. E sempre queria saber mais. Os espíritos, no entanto, não se recusavam a esclarecer ponto algum. Vejamos como continuou o diálogo sobre reencarnação.

Encarnação nos diferentes mundos

172. As nossas diversas existências corporais se verificam todas na Terra?

Não; vivemo-las em diferentes mundos. As que aqui passamos não são as primeiras, nem as últimas; são, porém, das mais materiais e das mais distantes da perfeição.

173. A cada nova existência corporal a alma passa de um mundo para outro, ou pode ter muitas no mesmo globo?

Pode viver muitas vezes no mesmo globo, se não se adiantou bastante para passar a um mundo superior.

a) – Podemos então reaparecer muitas vezes na Terra?

Certamente.

b) – Podemos voltar a este, depois de termos vivido em outros mundos?

Sem dúvida. É possível que já tenhais vivido algures e na Terra.

174. Tornar a viver na Terra constitui uma necessidade?

Não; mas, se não progredistes, podereis ir para outro mundo que não valha mais do que a Terra e que talvez até seja pior do que ela.

175. Haverá alguma vantagem em voltar-se a habitar a Terra?

Nenhuma vantagem particular, a menos que seja em missão, caso em que se progride aí como em qualquer outro planeta.

a) – Não se seria mais feliz permanecendo na condição de espírito?

Não, não; estacionar-se-ia e o que se quer é caminhar para Deus.

176. Depois de haverem encarnado noutros mundos, podem os espíritos encarnar neste, sem que jamais aí tenham estado?

Sim, do mesmo modo que vós em outros. Todos os mundos são solidários: o que não se faz num faz-se noutro.

a) – Assim, homens há que estão na Terra pela primeira vez?

Muitos, e em graus diversos de adiantamento.

b) – Pode-se reconhecer, por um indício qualquer, que um espírito está pela primeira vez na Terra?

Nenhuma utilidade teria isso.

177. Para chegar à perfeição e à suprema felicidade, destino final de todos os homens, tem o espírito que passar pela fieira de todos os mundos existentes no Universo?

Não, porquanto muitos são os mundos correspondentes a cada grau da respectiva escala e o espírito, saindo de um deles, nenhuma coisa nova aprenderia nos outros do mesmo grau.

a) – Como se explica então a pluralidade de suas existências em um mesmo globo?

De cada vez poderá ocupar posição diferente das anteriores e nessas diversas posições se lhe deparam outras tantas ocasiões de adquirir experiência.

178. Podem os espíritos encarnar em um mundo relativamente inferior a outro onde já viveram?

Sim, quando em missão, com o objetivo de auxiliarem o progresso, caso em que aceitam alegres as tribulações de tal existência, por lhes proporcionar meio de se adiantarem.

a) – Mas, não pode dar-se também por expiação?

Não pode Deus degredar para mundos inferiores espíritos rebeldes?

Os espíritos podem conservar-se estacionários, mas não retrogradam. Em caso de estacionamento, a punição deles consiste em não avançarem, em recomeçarem, no meio conveniente à sua natureza, as existências mal empregadas.

b) – Quais os que têm de recomeçar a mesma existência?

Os que faliram em suas missões ou em suas provas.

179. Os seres que habitam cada mundo hão todos alcançado o mesmo nível de perfeição?

Não; dá-se em cada um o que ocorre na Terra: uns espíritos são mais adiantados do que outros.

180. Passando deste planeta para outro, conserva o espírito a inteligência que aqui tinha?

Sem dúvida; a inteligência não se perde. Pode, porém, acontecer que ele não disponha dos mesmos meios para manifestá-la, dependendo isto da sua superioridade e das condições do corpo que tomar.

181. Os seres que habitam os diferentes mundos têm corpos semelhantes aos nossos?

É fora de dúvida que têm corpos, porque o espírito precisa estar revestido de matéria para atuar sobre a matéria.

Esse envoltório, porém, é mais ou menos material, conforme o grau de pureza a que chegaram os espíritos. É isso o que assinala a diferença entre os mundos que temos de percorrer, porquanto muitas moradas há na casa de nosso Pai, sendo, conseguintemente, de muitos graus essas moradas. Alguns o sabem e desse fato têm consciência na Terra; com outros, no entanto, o mesmo não se dá.

182. É-nos possível conhecer exatamente o estado físico e moral dos diferentes mundos?

Nós, espíritos, só podemos responder de acordo com o grau de adiantamento em que vos achais. Quer dizer que não devemos revelar estas coisas a todos, porque nem todos estão em estado de compreendê-las e semelhante revelação os perturbaria.

À medida que o espírito se purifica, o corpo que o reveste se aproxima igualmente da natureza espírita. Torna-se-lhe menos densa a matéria, deixa de rastejar penosamente pela superfície do solo, menos grosseiras se lhe fazem as necessidades físicas, não mais sendo preciso que os seres vivos se destruam mutuamente para se nutrirem. O espírito se acha mais livre e tem das coisas longínquas, percepções que desconhecemos. Vê com os olhos do corpo o que só pelo pensamento entrevemos.

Da purificação do espírito decorre o aperfeiçoamento moral, para os seres que eles constituem, quando encarnados. As paixões animais se enfraquecem e o egoísmo cede lugar ao sentimento da fraternidade. Assim é que, nos mundos superiores ao nosso, se desconhecem as guerras, carecendo de objeto os ódios e as discórdias, porque ninguém pensa em causar dano ao seu semelhante.

A intuição que seus habitantes têm do futuro, a segurança que uma consciência isenta de remorsos lhes dá, fazem que a morte nenhuma apreensão lhes cause. Encaram-na de frente, sem temor, como simples transformação.

A duração da vida, nos diferentes mundos, parece guardar proporção com o grau de superioridade física e moral de cada um, o que é perfeitamente racional. Quanto menos material o corpo, menos sujeito às vicissitudes que o desorganizam. Quanto mais puro o espírito, menos paixões a miná-lo. É essa ainda uma graça da Providência, que desse modo abrevia os sofrimentos.

183. Indo de um mundo para outro, o espírito passa por nova infância?

Em toda parte a infância é uma transição necessária, mas não é, em toda parte, tão obtusa como no vosso mundo.

184. Tem o espírito a faculdade de escolher o mundo onde passe a habitar?

Nem sempre. Pode pedir que lhe seja permitido ir para este ou aquele e pode obtê-lo, se o merecer, porquanto a acessibilidade dos mundos, para os espíritos, depende do grau da elevação destes.

a) – Se o espírito nada pedir, que é o que determina o mundo em que ele reencarnará?

O grau da sua elevação.

185. O estado físico e moral dos seres vivos é perpetuamente o mesmo em cada mundo?

Não; os mundos também estão sujeitos à lei do

progresso. Todos começaram, como o vosso, por um estado inferior e a própria Terra sofrerá idêntica transformação.

Tornar-se-á um paraíso, quando os homens se houverem tornado bons." É assim que as raças, que hoje povoam a Terra, desaparecerão um dia, substituídas por seres cada vez mais perfeitos, pois que essas novas raças transformadas sucederão às atuais, como estas sucederam a outras ainda mais grosseiras.

186. Haverá mundos onde o espírito, deixando de revestir corpos materiais, só tenha por envoltório o perispírito?

Há e mesmo esse envoltório se torna tão etéreo que para vós é como se não existisse. Esse o estado dos espíritos puros.

a) – Parece resultar daí que, entre o estado correspondente às últimas encarnações e a de espírito puro, não há linha divisória perfeitamente demarcada; não?

Semelhante demarcação não existe. A diferença entre um e outro estado se vai apagando pouco a pouco e acaba por ser imperceptível, tal qual se dá com a noite às primeiras claridades do alvorecer.

187. A substância do perispírito é a mesma em todos os mundos?

Não; é mais ou menos etérea. Passando de um mundo a outro, o espírito se reveste da matéria própria desse outro, operando-se, porém, essa mudança com a rapidez do relâmpago.

188. Os espíritos puros habitam mundos especiais, ou se acham no espaço universal, sem estarem mais ligados a um mundo do que a outros?

Habitam certos mundos, mas não lhes ficam presos, como os homens à Terra; podem, melhor do que os outros, estar em toda parte.

Capítulo XI

A REENCARNAÇÃO À LUZ DO EVANGELHO

1. Nos Evangelhos também encontramos o conceito de reencarnação, já de modo mais explícito, nas seguintes passagens:

> Jesus, tendo vindo às cercanias de Cezareia de Filipe, interrogou assim seus discípulos: "Que dizem os homens, com relação ao Filho do Homem? Quem dizem que eu sou?"- Eles lhe responderam: "Dizem uns que és João Batista; outros, que Elias; outros, que Jeremias, ou algum dos profetas. (V. fonte no parágrafo a seguir.)

2. Jesus se referia claramente à reencarnação, o que mais se patenteia com a resposta dos discípulos: "**Dizem uns que és João Batista, outros, que Elias, outros, que Jeremias, ou algum dos profetas**".

140 | José Naufel

Vê-se que os discípulos se referiam a Jesus como reencarnação de um desses profetas que viveram em épocas passadas.

3. Perguntou-lhes Jesus: "E vós, quem dizeis que eu sou?" – Simão Pedro, tomando a palavra, respondeu: "Tu és o Cristo, o Filho do Deus vivo." – Replicou-lhe Jesus: "Bem-aventurado és, Simão, filho de Jonas, porque não foram a carne nem o sangue que isso te revelaram, mas meu Pai, que está nos céus." (Mateus, cap. XVI, vv. 13 a 17; Marcos, cap. VIII, vv. 27 a 30.)

4. Pedro, nessa passagem, quis afirmar que Jesus não era reencarnação de nenhum profeta, mas, sim, "o Cristo, o Filho do Deus vivo". E o afirmava não de si, mas por ter sido inspirado, por ter recebido a revelação do Pai, que está nos céus.

Nesse ínterim, acrescenta Kardec, Herodes, o Tetrarca, ouvira falar de tudo o que fazia Jesus e seu espírito se achava em suspenso – **porque uns diziam que João Batista ressuscitara dentre os mortos; outros que aparecera Elias; e outros que uns dos antigos profetas ressuscitara.** – Disse então Herodes: "Mandei cortar a cabeça a João Batista; quem é então esse de quem ouço dizer tão grandes coisas?" E ardia por vê-lo. (Marcos, cap. VI, vv. 14 a 16; Lucas, cap. IX, vv. 7 a 9.)

5. Veja-se esta outra passagem do Evangelho de Mateus, confirmado pelo de Marcos:

(Após a transfiguração.) "Seus discípulos então o interrogam desta forma: "Por que dizem os escribas ser preciso que antes volte Elias?"- Jesus lhes respondeu: "É verdade que Elias há de vir e restabelecer todas as coisas: – mas, **eu vos declaro que Elias já veio e eles não o conheceram** e o trataram como lhes aprouve. É assim que farão sofrer o filho do Homem." – **Então, seus discípulos compreenderam que fora de João Batista que ele falara.** (Mateus, cap. XVII, vv. 10 a 13; – Marcos, cap. IX, vv. 11 a 13; negritos nossos.)

É o próprio Jesus quem afirma que Elias já viera e não fora reconhecido. Então, seus discípulos compreenderam que fora de João Batista que ele falara.

6. Mais significativa ainda pela sua objetividade é o diálogo que reproduziremos a seguir, no qual Jesus afirma que ninguém verá o Reino de Deus **se não nascer de novo:**

> Ora, entre os fariseus, havia um homem chamado Nicodemos, senador dos judeus – que veio à noite ter com Jesus e lhe disse: "Mestre, sabemos que vieste da parte de Deus para nos instruir como um doutor, porquanto ninguém poderia fazer os milagres que fazes se Deus não estivesse com ele."
>
> Jesus lhe respondeu: "Em verdade, em verdade, digo-te: **"Ninguém pode ver o reino de Deus se não nascer de novo."** Disse-lhe Nicodemos: "Como pode nascer um homem já velho? Pode tornar a entrar no ventre de sua mãe, para nascer segunda

vez?" Retorquiu-lhe Jesus: "Em verdade, em verdade, digo-te: Se um homem não renasce da água e do espírito, não pode entrar no reino de Deus". – O que é nascido da carne é carne e o que é nascido do espírito é espírito. – Não te admires de que eu te haja dito ser preciso que nasças de novo. – O espírito sopra onde quer e ouves a sua voz, mas não sabes donde vem ele, nem para onde vai; o mesmo se dá com todo homem que é nascido do espírito." Respondeu-lhe Nicodemos: "Como pode isso fazer-se?" – Jesus lhe observou: "Pois quê! És mestre em Israel e ignoras estas coisas? Digo-te em verdade, em verdade, que não dizemos senão o que sabemos e que não damos testemunho, senão do que temos visto. Entretanto, não aceitas o nosso testemunho. – Mas, se não me credes, quando vos falo das coisas da Terra, como me crereis, quando vos fale das coisas do céu?" (João, cap. III, vv. 1 a 12.)

7. Kardec, após fazer estas citações, conclui:

A ideia de que João Batista era Elias e de que os profetas podiam reviver na Terra se nos depara em muitas passagens dos Evangelhos, notadamente nas acima reproduzidas. Se fosse errônea essa crença, Jesus não houvera deixado de combatê-la, como combateu tantas outras. Longe disso, ele a sanciona com toda a sua autoridade e a põe por princípio e como condição necessária, quando diz: "Ninguém pode ver o reino de Deus se não nascer de novo." E insiste, acrescentando: "Não te admires de que eu te haja dito ser preciso nasças de novo".

Estas palavras: Se um homem não renasce da

água e do espírito foram interpretadas no sentido da regeneração pela água do batismo. O texto primitivo, porém, rezava simplesmente: não renasce da água e do espírito, ao passo que nalgumas traduções as palavras – do espírito – foram substituídas pelas seguintes: do Santo espírito, o que já não corresponde ao mesmo pensamento. Esse ponto capital ressalta dos primeiros comentários a que os Evangelhos deram lugar, como se comprovará um dia, sem equívoco possível. (1)

Para se apanhar o verdadeiro sentido dessas palavras, cumpre também se atente na significação do termo água que ali não fora empregado na acepção que lhe é própria.

Muito imperfeitos eram os conhecimentos dos antigos sobre as ciências físicas. Eles acreditavam que a Terra saíra das águas e, por isso, consideravam a água como elemento gerador absoluto. Assim é que na Gênese se lê: "O espírito de Deus era levado sobre as águas; flutuava sobre as águas; – Que o firmamento seja feito no meio das águas; – Que as águas que estão debaixo do céu se reúnam em um só lugar e que apareça o elemento árido; – Que as águas produzam animais vivos que nadem na água e pássaros que voem sobre a terra e sob o firmamento." Segundo essa crença, a água se tornara o símbolo da natureza material, como o espírito era o da natureza inteligente. Estas palavras: "Se o homem não renasce da água e do espírito, ou em água e em espírito", significam, pois: "Se o homem não renasce com seu corpo e sua alma." É nesse sentido que a princípio as compreenderam.

Tal interpretação se justifica, aliás, por estas outras palavras: O que é nascido da carne é carne e o que é nascido do espírito é espírito. Jesus estabelece aí uma distinção positiva entre o espírito e o corpo. O que é nascido da carne é carne indica claramente que só o corpo procede do corpo e que o espírito independe deste.

(1) *Nota de Kardec*: A tradução de Osterwald está conforme o texto primitivo. Diz: "Não renasce da água e do espírito"; a de Sacy diz: do santo espírito; a de Lamennais: do Espírito Santo.

Nota do corpo redacional da FEB: À nota de Allan Kardec, podemos hoje acrescentar que as modernas traduções já restituíram o texto primitivo, pois que só imprimem "espírito" e não Espírito Santo. Examinamos a tradução brasileira, a inglesa, a em esperanto, a de Ferreira de Almeida, e em todas elas está somente "espírito".

Além dessas modernas, encontramos a confirmação numa latina de Theodoro de Beza, de 1642, que diz:

"... genitus ex aqua et Spiritu..." "... et quod genitum est ex Spiritu, spiritus est." É fora de dúvida que a palavra "Santo" foi interpolada, como diz Kardec. A Editora da FEB, 1947.

Continua o codificador:

O espírito sopra onde quer; ouves-lhe a voz, mas não sabes nem donde ele vem, nem para onde vai: pode-se entender que se trata do espírito de Deus, que dá vida a quem ele quer, ou da alma do homem". Nesta última acepção – "não sabes donde ele vem, nem para onde vai" – significa que ninguém sabe o que foi, nem o que será o espírito. Se o espírito, ou alma, fosse criado ao mesmo tempo em que o corpo, saber-se-ia donde ele veio, pois que se lhe conheceria o começo. Como quer que seja essa passagem consagra o princípio da preexistência da alma e, por conseguinte, o da pluralidade das existências.

Ora, desde o tempo de João Batista até o presente, o reino dos céus é tomado pela violência e são os violentos que o arrebatam; – pois que assim o profetizaram todos os profetas até João, e também a lei. – Se quiserdes compreender o que vos digo, ele mesmo é o Elias que há de vir. – Ouça-o aquele que tiver ouvidos de ouvir. (Mateus, cap. XI, vv. 12 a 15.)"

Se o princípio da reencarnação, conforme se acha expresso em João, podia, a rigor, ser interpretado em sentido puramente místico, o mesmo já não acontece com esta passagem de Mateus, que não permite equívoco: ELE MESMO é o Elias que há de vir. Não há aí figura, nem alegoria: é uma afirmação positiva. – "Desde o tempo de João Batista até o presente o reino dos céus é tomado pela violência." Que significam essas palavras, uma vez que João Batista ainda vivia naquele momento? Jesus as explica, dizendo: "Se quiserdes compreender o que digo, ele mesmo é o Elias que há de vir." Ora, sendo João o próprio Elias, Jesus alude à época em que João vivia com o nome de Elias. "Até ao presente o reino dos céus é tomado pela violência": outra alusão à violência da lei mosaica, que ordenava o extermínio dos infiéis, para que os demais ganhassem a Terra Prometida, Paraíso dos hebreus, ao passo que, segundo a nova lei, o céu se ganha pela caridade e pela brandura.

E acrescentou: Ouça aquele que tiver ouvidos de ouvir.

Essas palavras, que Jesus tanto repetiu, claramente dizem que nem todos estavam em condições de compreender certas verdades.

Aqueles do vosso povo a quem a morte foi dada viverão de novo; aqueles que estavam mortos em meio a mim ressuscitarão.

Despertai do vosso sono e entoai louvores a Deus, vós que habitais no pó; porque o orvalho que cai sobre vós é um orvalho de luz e porque arruinareis a Terra e o reino dos gigantes. (Isaías, cap. XXVI, v. 19.)

Capítulo XII

Espíritos puros ou anjos – Cristos Cósmicos

1. OS ESPÍRITOS SÃO criados simples e ignorantes, isto é, sem qualquer conhecimento. É através da evolução que fazem ao longo de suas reencarnações que adquirem o saber e progridem também em sentimentos e moralidade, até alcançar a perfeição.

2. Há, assim, uma escala de espíritos, que vai desde os espíritos inferiores até os espíritos puros. Kardec indagou aos espíritos:

> 128. Os seres a que chamamos anjos, arcanjos, serafins, formam uma categoria especial, de natureza diferente da dos outros espíritos?
> Não; são os espíritos puros: os que se acham no mais alto grau da escala e reúnem todas as perfeições.
> 129. Os anjos hão percorrido todos os graus da escala?

Percorreram todos os graus, mas do modo que havemos dito: uns, aceitando sem murmurar suas missões, chegaram depressa; outros gastaram mais ou menos tempo para chegar à perfeição.

3. Dessas duas questões tiram-se consequências profundas. Não há privilégios na criação. É absolutamente errôneo dizer-se que os anjos são espíritos perfeitíssimos que Deus criou e que vivem nos céus. Não, eles são espíritos como os outros e foram criados simples e ignorantes. Nem melhores nem piores. Percorreram todos os graus da escala e alcançaram todas as perfeições. Para isso, despenderam milênios e milênios. Ou talvez milhões ou bilhões de anos. Ninguém sabe. Tudo depende das peculiaridades do progresso de cada um, do seu maior ou menor esforço. O anjo antes de ser anjo passou pelas etapas evolutivas, que determinaram cada grau de sua vivência, no bem ou no mal, de acordo com as influências a que cedeu ou resistiu. Nenhum, porém, perdurou no mal, nem retrogradou, apesar de lhe ter sido sempre assegurado o livre-arbítrio. É como disseram os espíritos a Kardec:

> O livre-arbítrio se desenvolve à medida que o espírito adquire a consciência de si mesmo. Já não haveria liberdade, desde que a escolha fosse determinada por uma causa independente da vontade do espírito. A causa não está nele, está fora dele, nas influências a que cede em virtude da sua livre vontade. É o que se contém na grande figura emblemática da queda do homem e do pecado original: uns cederam à tentação, outros resistiram.

a) – Donde vêm as influências que sobre ele se exercem?

Dos espíritos imperfeitos, que procuram apoderar-se dele, dominá-lo, e que rejubilam com o fazê-lo sucumbir. Foi isso o que se intentou simbolizar na figura de Satanás.

(b) – Tal influência só se exerce sobre o espírito em sua origem?

Acompanha-o na sua vida de espírito, até que haja conseguido tanto império sobre si mesmo, que os maus desistam de obsidiá-lo.

124. Pois que há espíritos que desde o princípio seguem o caminho do bem absoluto e outros o do mal absoluto, deve haver, sem dúvida, gradações entre esses dois extremos. Não?

Sim, certamente, e os que se acham nos graus intermédios constituem a maioria.

125. Os espíritos que enveredaram pela senda do mal poderão chegar ao mesmo grau de superioridade que os outros?

Sim; mas as eternidades lhes serão mais longas.

Por estas palavras – as eternidades – se deve entender a ideia que os espíritos inferiores fazem da perpetuidade de seus sofrimentos, cujo termo não lhes é dado ver, ideia que revive todas as vezes que sucumbem numa prova.

4. Vê-se, assim, que a justiça divina não permite privilégios, porquanto "tudo se encadeia na Natureza, desde o átomo primitivo até o arcanjo, que também começou por ser átomo. Admirável lei de harmonia, que o vosso acanhado espírito ainda não pode apreender em

seu conjunto!" disseram os espíritos a Kardec no final da questão 540 de *O Livro dos Espíritos*.

5. Os anjos, portanto, não foram criados anjos desde o início, nem houve a mitológica revolta de Lúcifer e seus seguidores. Não se sabe qual a origem desse mito, que implicaria em haver possibilidade de retrogradação dos espíritos. Talvez seja uma reminiscência da queda do homem em outros mundos, quando foram exilados em virtude de sua obstinação no mal. Seria uma outra versão do Paraíso perdido.

6. Kardec quis esclarecer esse ponto e pediu uma explicação aos espíritos:

> 130. Sendo errônea a opinião dos que admitem a existência de seres criados perfeitos e superiores a todas as outras criaturas, como se explica que essa crença esteja na tradição de quase todos os povos?
>
> Fica sabendo que o mundo onde te achas não existe de toda a eternidade e que, muito tempo antes que ele existisse, já havia espíritos que tinham atingido o grau supremo.
>
> Acreditaram os homens que eles eram assim desde todos os tempos.

7. Realmente, é a explicação mais lógica. Os anjos existem desde os longes da eternidade. Para os habitantes da Terra pareceria que eles tivessem sido criados já no estado de espíritos puros. Ainda estamos muito longe de penetrar nos mistérios do Universo.

Para isso perlustramos as estradas cósmicas na busca do conhecimento.

8. Qual o destino desses espíritos puros? O que faz o espírito quando chega à perfeição?

Quando foi feita a revelação que gerou a codificação kardequiana, essa questão não foi levantada, motivo pelo qual não consta de *O Livro dos Espíritos*. Mas, já vimos que a revelação é permanente, não se esgotou nem com Moisés, nem com Jesus, o Cristo, nem com o espiritismo. Ela continuará sempre para que se cumpra a lei do progresso.

9. Assim, nos idos de 1950, o espírito André Luiz, pela psicografia de Francisco Cândido Xavier e Waldo Vieira, nos trouxe alguns esclarecimentos sobre a matéria, revelando que os espíritos, quando atingem a culminância da evolução, são admitidos no plano divino como participantes da cocriação em plano maior. Sabemos que "Deus renova os mundos, como renova os seres vivos." (LE, 41).

10. Ensina-nos aquele espírito que a criação divina é feita a partir do fluido cósmico, que é o plasma divino, hausto do Criador ou força nervosa do Todo-Sábio e que, nesse elemento primordial vibram e vivem constelações e sóis, mundos e seres, como peixes no oceano.

11. Referindo-se ao fluido cósmico, André Luiz preleciona que:

152 | José Naufel

Nessa substância original, ao influxo do próprio Senhor Supremo, operam as inteligências divinas a Ele agregadas, em processo de comunhão indescritível, os grandes Devas da teologia hindu ou os arcanjos da interpretação de variados templos religiosos, extraindo desse hálito espiritual os celeiros da energia com que constroem os sistemas da imensidade, em serviço de cocriação em plano maior, de conformidade com os desígnios do Todo-Misericordioso, que faz dele agentes orientadores da criação excelsa.

Essas inteligências gloriosas tomam o plasma divino e convertem-no em habitações cósmicas, de múltiplas expressões, radiantes ou obscuras, gaseificadas ou sólidas, obedecendo a leis predeterminadas, quais moradias que perduram por milênios e milênios, mas que se desgastam e se transformam, por fim, de vez que o espírito criado pode formar ou cocriar, mas só Deus é o Criador de toda a eternidade.

12. Segundo essa revelação mais recente, os espíritos puros, anjos ou arcanjos são os Cristos a que se refere o espírito Emmanuel, como o Cristo Planetário que construiu a Terra e é o Governador Espiritual da Humanidade terrestre[76], mais conhecido entre nós como Jesus, o Cristo.

13. Tendo em vista que eles são os Construtores dos Sistemas da Imensidade, dos Impérios Estelares, com as habitações cósmicas de múltiplas expressões, podemos chamá-los de Cristos Cósmicos, compreendendo os Cristos Galácticos, os Cristos Estelares e os Cristos

---

76. V. seu livro já citado *A caminho da luz*, FEB.

Planetários, para usar a denominação que tomou o Guia Espiritual do nosso planeta. São os LOGOS e estão em comunhão com Deus.

14. Como já vimos, o Cristo Planetário da Terra é por nós conhecido como o Cristo-Jesus, por ter descido à Terra sob o nome de Yoshua ou Jesus. Ele esteve encarnado entre nós, não como um espírito em evolução, mas em missão gloriosa, para personificar a segunda revelação. Ele é um espírito puro, um cocriador em plano maior, que teve de fazer sua descida dos céus, que se compreende como a descida vibratória, que durou pelo menos um milênio. Depois de se ter tornado diáfano, ele teve de revestir-se de matéria grosseira, para encarnar entre nós, tomando um corpo carnal. Mais adiante, em capítulo próprio, estudaremos sua individualidade cósmica e a personalidade terrena que assumiu.

Capítulo XIII

A ALMA DEPOIS DA MORTE

1. A REVELAÇÃO ESPÍRITA é gradual e progressiva. Kardec chamou-nos a atenção para sua gradatividade, ao escrever em *A Gênese*[77]:

> Nenhuma ciência existe que haja saído prontinha do cérebro de um homem. Todas, sem exceção de nenhuma, são fruto de observações sucessivas, apoiadas em observações precedentes como um ponto conhecido, para chegar ao desconhecido. Foi assim que os espíritos procederam, com relação ao espiritismo. Daí o ser gradativo o ensino que ministram. Eles não enfrentam as questões, senão à medida que os princípios sobre que hajam de apoiar-se estejam suficientemente elaborados e amadurecida bastante a opinião para assimilá-los.

2. A revelação espírita, portanto, é progressiva e obe-

---
77. Cap. I, nº. 54.

dece sempre ao princípio da *universalidade do ensino dos espíritos*, sem o que não se lhe reconhecerá autoridade.

Note-se também que ela não se esgotou com a codificação kardequiana. À medida que a civilização avança, o ensino espírita se vai complementando, desenvolvendo e ampliando, para atender às novas necessidades do progresso.

O espírita, todavia, tem de estar atento e verificar a observância dos princípios mencionados, antes de aceitar novas comunicações sobre assuntos doutrinários, as quais deverão, também, passar pelo crivo da razão.[78]

Já advertia João: "Meus bem-amados, não creais em qualquer espírito; experimentai se os espíritos são de Deus, porquanto muitos falsos profetas se têm levantado no mundo".[79]

3. A revelação relativamente ao que acontece com a alma após a morte tem sido gradativa, estendendo-se desde a codificação kardequiana até os dias de hoje. Mas, as sucessivas revelações convivem, uma não anula a outra.

4. Sabemos que a alma é o espírito encarnado (LE, 134). Quando ocorre a morte, ela se emancipa, desligando-se da organização carnal e voltando a ser apenas espírito. Por isso, muda de estado vibratório, passando do

---

78. V. *O Evangelho segundo o Espiritismo*, cap. XXI, item 10; v., também, na *Introdução*, o cap. II; V., ainda, *O Livro dos Médiuns*, 2ª Parte, cap. XXIII, *Da obsessão*.

79. Em *Epístola 1ª*, cap. IV, v, 1.

plano material para o plano extrafísico, astral ou espiritual, ou ainda hiperespaço.

Ao desencarnar, o espírito abandona o corpo físico, bem como o duplo etéreo, no plano material, levando consigo apenas o perispírito, revestido do corpo mental[80]. Esse conjunto, no dizer de André Luiz:

> ...é o veículo físico por excelência, com sua estrutura eletromagnética, algo modificado no que tange aos fenômenos genéticos e nutritivos, porém, com as aquisições da mente que o maneja... Formação sutil, urdida em recursos dinâmicos, extremamente porosa e plástica, em cuja tessitura as células, noutra faixa vibratória, à face do sistema de permuta visceralmente renovado, se distribuem mais ou menos à feição das partículas coloides, com a respectiva carga elétrica, comportando-se no espaço segundo a sua condição específica, e apresentando estados morfológicos conforme o campo mental a que se ajusta.[81]

Com a morte, a alma volve ao mundo dos espíritos, donde se apartara momentaneamente[82], mas nem sempre volta exatamente à posição anterior. O que determina a sua relativa localização nesse mundo, quando do seu retorno a ele, é o tipo de vida que tiver levado na úl-

---

80. O ser compõe-se do espírito e dos seus invólucros, que são o perispírito e o corpo carnal. O perispírito reveste o corpo mental, mais etéreo e que jamais dele se separa mesmo no estado de espírito puro. A parte mais grosseira do perispírito, que o reveste e faz sua ligação com o corpo material, é o duplo etéreo.

81. Em *Evolução em dois mundos*, psicografia de Francisco Cândido Xavier e Waldo Vieira, FEB, 7ª ed., pp. 25 e 26.

82. LE, 149.

tima existência material. Se tiver logrado elevar-se moralmente, fará jus a um retorno mais ou menos imediato à colônia espiritual de onde proviera ao reencarnar.

5. No espaço, os espíritos vivem normalmente em colônias espirituais, ou seja, comunidades de espíritos sujeitos a uma organização social, com governo e regras de convivência.

As reencarnações são programadas, de acordo com as necessidades do espírito, por este e seus mentores. Quando ele retorna ao mundo espiritual, se tiver progredido ou pelo menos estacionado, sem incidir em graves quedas, como dissemos, volta à colônia espiritual da qual faz parte.

Se, porém, tiver cedido às paixões, a erros ou à revolta, ele é conduzido às *zonas purgatoriais*, de cuja existência a revelação mediúnica nos dá conhecimento e que se constituem das várias regiões do *umbral*. Seguem-se-lhes, em sentido ascensional, as zonas superiores, que são as das colônias espirituais.

6. André Luiz[83], transcrevendo os esclarecimentos recebidos do espírito amigo Lísias, informa:

> O umbral é região de profundo interesse para quem esteja na Terra. Concentra-se, aí, tudo o que não tem finalidade para a vida superior. E note você que a Providência Divina agiu sabiamente permitin-

---

83. André Luiz, em *Nosso Lar*, psicografia de Francisco Cândido Xavier; FEB, 22ª ed., capítulo 12, p. 244.

do se criasse tal departamento em torno do planeta. Há legiões compactas de almas irresolutas e ignorantes, que não são suficientemente perversas para serem enviadas a colônias de reparação mais dolorosa, nem bastante nobres para serem conduzidas a planos de elevação. Representam fileiras de habitantes do umbral, companheiros imediatos dos homens encarnados, separados apenas por leis vibratórias. Não é de estranhar, portanto, que semelhantes lugares se caracterizem por grandes perturbações. Lá vivem, agrupam-se os revoltados de toda espécie. Formam, igualmente, núcleos invisíveis de notável poder, pela concentração da tendência e desejos gerais (p. 71).

7. No livro *Cidade no Além*, de coautoria de Francisco Cândido Xavier, Heigorina Cunha e dos espíritos André Luiz e Lucius, encontram-se alguns esclarecimentos quanto às esferas que compõem o umbral, que reproduzimos a seguir, na sua parte essencial:

> A primeira esfera comporta o umbral "grosso", mais materializado, de regiões purgatoriais mais dolorosas e de cujas organizações comunitárias, conquanto estejam tão próximas, temos poucas notícias.
>
> A segunda esfera abriga o umbral mais ameno, onde os espíritos do bem localizam, com mais amplitude, sua assistência, e onde estão situadas as "moradias".
>
> A terceira esfera, a rigor, ainda faz parte do umbral, pois, sendo de transição, abriga os espíritos necessitados de reencarnação.

Nessa terceira esfera se localiza a cidade "Nosso Lar", num ponto situado sobre a cidade do Rio de Janeiro e com uma altura que não podemos definir, mas que se encontra na ionosfera.[84]

André Luiz relata a existência de regiões ainda inferiores ao umbral: as trevas. Para lá vão as almas que fecham sua percepção, focando apenas em si mesmas, deixando de lado a visão e a compreensão do Deus único, estacionando no tempo e "sobrevivendo" em um sono de longos anos, vivendo apenas com as recapitulações de experiências vividas (André Luiz, em *Nosso Lar, apud* Camilla Salmazi, em *Revista espiritismo e ciência 11, páginas 24-29).*

A respeito dessas regiões, temos várias notícias, sendo que alguns autores, como Carlos Pastorino, se referem às trevas como as regiões mais inferiores que conhecemos e que começam da crosta planetária para baixo.

8. Nas esferas superiores localizam-se os espíritos que já lograram maior elevação, que, na sua existência corporal, se dedicaram ao ministério do bem e da verdade, contribuindo para o avanço intelectual e moral daqueles com quem conviveram. Aí se situam escolas mais avançadas, hospitais perfeitos com a finalidade de estudo e aprimoramento científico, ministérios de preparação e assistência para reencarnação de espíritos que possuem tarefas mais especializadas, treino rigoroso e sério de criaturas que vão desempenhar papéis de maior

---

84. Auts. e ob. cits., 2ª ed. Do Instituto de Difusão Espírita, SP, 1983, pp. 68 e 69.

importância quando regressarem ao corpo físico. Para essa região encaminham-se os seres que, na Terra, já se haviam entrosado com o trabalho filosófico e religioso, e que assistem os encarnados como mentores de maior "gabarito" e elevação comprovada.[85]

9. Vê-se, assim que, após a morte, a vida continua e os espíritos vivenciam as consequências da existência que levaram na Terra.

Não existe o inferno proclamado por algumas religiões, porquanto a condenação eterna seria incompatível com a justiça e a bondade divinas. Mas, existem as regiões purgatoriais onde o espírito se redime temporariamente de suas culpas, educando-se para realizar conquistas nos caminhos da evolução.

Não existe também o céu imediato, mas colônias espirituais, onde se prolonga a existência terrena com novos aprendizados, até que o espírito tenha realizado conquistas que o credenciem a atingir esferas superiores.

10. Quando já tiver alcançado estado de elevação superior ao da vida na Terra, que é um mundo de expiação e provas, ele passa a encarnar em mundos superiores. Ascende a mundos regeneradores, depois a mundos felizes ou ditosos e a mundos celestes ou divinos, até atingir o estado de espírito puro ou angélico.

11. Essa a concepção de penas e recompensas da teologia segundo a ótica espírita. Mas, o que expusemos se

---

85. Cf. Carlos A. Pastorino, ob. cit. 186.

refere à revelação relativamente ao que sucede aos espíritos que viveram na Terra, no estágio atual.

As regiões purgatoriais, as moradias e as colônias espirituais aqui referidas são as que circundam a Terra. Não temos notícia de como ocorre a morte em outros mundos, nem o que sucede às almas após ela. Aqui, temos a inumação ou a cremação após a morte. Em outros mundos mais adiantados possivelmente não haja a decomposição cadavérica, mas a desintegração atômica dos corpos, segundo vagos relatos encontrados na literatura mediúnica. Diferente pode ser também o destino das almas após a cessação da vida material.

Capítulo XIV

Erraticidade e espíritos errantes

1. O ESPÍRITO, QUANDO se desprende do corpo em virtude da morte, segue o destino adequado à sua formação moral, às vivências que teve na carne e ao grau de elevação alcançado, ou em que tenha estacionado.

Alguns, já possuindo uma compreensão mais nítida e avançada do que seja o após morte e tendo levado uma vida saudável, dão-se conta quase que imediatamente do seu novo estado e, recebidos pelos protetores e amigos espirituais, são conduzidos à colônia espiritual a que estão vinculados e de onde partiram para o reingresso no mundo material.

Outros entram em grande prostração e permanecem em estado letárgico, em casas transitórias ou em locais diversos, como as regiões purgatoriais. Outros, ainda, ficam nos lugares em que viveram, apegados à vida material e às suas personalidades, não se dando conta de que já morreram, até que, por qualquer meio, sejam esclarecidos relativamente ao seu estado e encaminhados de acordo com suas necessidades.

Há aqueles que são arrastados para as regiões das trevas e os que são atraídos para o umbral.

Os espíritos missionários que tiverem tido pleno êxito no cumprimento de suas missões e que pertencem a mundos superiores à Terra ascendem a esses mundos, embora possam permanecer, por algum tempo, em esferas elevadas do planeta.

2. Revelaram os espíritos a Kardec que o espírito, depois de separar-se do corpo, "algumas vezes reencarna imediatamente, porém, de ordinário só o faz depois de intervalos mais ou menos longos".

> Nos mundos superiores, a reencarnação é quase que imediata. Sendo aí menos grosseira a matéria corporal, o espírito, quando encarnado nesses mundos, goza quase que de todas as suas faculdades de espírito, sendo o seu estado normal o dos sonâmbulos lúcidos entre vós.[86]

Com a expressão *sonâmbulos lúcidos*, os espíritos quiseram significar que, embora revestidos de expressão corpórea material, os seres que habitam os mundos superiores estão em permanente contato com o mundo invisível, assim como acontece com os médiuns da Terra comumente denominados conscientes.

---

86. LE, 223.

Os mistérios do Universo | 165

3. Chama-se errante o espírito no intervalo das encarnações, enquanto aguarda nova oportunidade de descer à crosta planetária, mediante o renascimento na carne, ao qual aspira como meio de prosseguir em sua caminhada evolutiva.[87]

4. Ele sabe que, reencarnando, adquirirá nova *personalidade*, para cumprimento de novo destino programado. A programação da nova vida na matéria é feita em departamentos especializados das colônias espirituais e poderá contar com a participação do espírito reencarnante quando este já tiver compreensão suficiente para isso. André Luiz dedica um capítulo do livro *Nosso Lar* a esse tipo de reencarnação, no qual diz que o próprio espírito, muitas vezes, pede que o seu futuro corpo possua determinadas conformações.

Espíritos embrutecidos, porém, têm reencarnações compulsórias de acordo com as necessidades da correção dos seus erros e vícios, conforme a programação traçada por espíritos especializados nesse mister.

5. Para reencarnar, o espírito terá de aguardar oportunidade e permissão. Os prepostos do Senhor são os responsáveis pela programação reencarnatória nos diferentes mundos. Os renascimentos não se fazem aleatoriamente, nem segundo a vontade exclusiva do espírito, como vimos. Há critérios específicos a serem seguidos, prevalecendo os princípios de justiça e caridade.

---

87. LE, 224.

6. Há fatores a serem atendidos. Os destinos não são meramente individuais, mas se conjugam em relação aos integrantes de determinados grupos. Muitas vezes, um espírito ou vários ficam aguardando o retorno ao plano espiritual de companheiros que ainda se demoram na crosta. Após a volta de todos os interessados em determinados sucessos é que geralmente se fazem as análises relativas à última existência corpórea, a fim de ser estabelecida a programação futura. Há também eventual necessidade de permanência por certo tempo no plano espiritual. As conveniências são diversas e submetidas ao elevado critério dos mentores espirituais.

Outras vezes, impõe-se o quase imediato internamento no casulo carnal, para amortecer, com o esquecimento do passado, grandes traumas da última existência corpórea.

7. Por outro lado, nem sempre é possível atender-se em tempo relativamente curto à aspiração de retorno ao plano físico, para continuação das experiências evolutivas. Informam alguns espíritos que a população planetária de desencarnados é bem maior do que a de encarnados, pois enquanto esta é de cerca de cinco bilhões de almas, aquela alcança o elevado número de vinte bilhões de espíritos. Devido a essa desproporção é natural que a reencarnação apresente certas dificuldades, impondo um critério seletivo das necessidades dos candidatos ao retorno à crosta.

8. Kardec indagou aos espíritos se a duração dos in-

Os mistérios do Universo | 167

tervalos entre encarnações sucessivas depende da vontade do espírito, ou lhe pode ser imposta como expiação, tendo obtido a seguinte elucidação:

> É uma consequência do livre-arbítrio. Os espíritos sabem perfeitamente o que fazem. Mas, também, para alguns constitui uma punição que Deus lhes infringe. Outros pedem que ela se prolongue, a fim de continuarem estudos que só na condição de espírito livre pode efetuar-se com proveito.[88]

9. O livre-arbítrio é respeitado na questão reencarnatória, tanto quanto possível. Sabemos que nada tem caráter absoluto, salvo a essência divina. A relatividade das coisas é uma constante no Universo. Quando o exercício do livre-arbítrio prejudica o equilíbrio e a harmonia dos princípios cósmicos, impõe-se a adoção de medidas corretivas e reequilibrantes.

Explica-se, assim, a ocorrência de *reencarnações compulsórias*, para evitar o estacionamento demasiado longo dos espíritos, bem como para trazê-los ao reajuste com outros espíritos cuja internação na carne já tenha sido programada. Foi por isso que os espíritos, na questão em exame, disseram a Kardec que a duração do intervalo entre encarnações pode constituir uma expiação. Entenda-se: duração maior ou menor. Tanto será expiação quanto contrariar o desejo do espírito.

10. *Erraticidade* é o estado dos espíritos errantes, ou

---

88. LE, 224, b.

seja, o estado em que se encontram os espíritos nos intervalos das encarnações.

A erraticidade, por si só, não constitui um sinal de inferioridade do espírito, "porquanto há espíritos errantes de todos os graus. A encarnação é um estado transitório, já o dissemos. O espírito se acha no seu estado normal, quando liberto da matéria."[89]

Daí se poder dizer que são errantes todos os espíritos que não estão encarnados, "com relação aos que tenham de reencarnar. Não são errantes, porém, os espíritos puros, os que chegaram à perfeição. Esses se encontram no seu estado definitivo."[90]

Enquanto o espírito estiver sujeito à reencarnação estará no estado de erraticidade sempre que não estiver encarnado, seja qual for o mundo a que esteja vinculado.

A evolução não se interrompe na erraticidade, porquanto não é somente por meio das existências corpóreas que os espíritos progridem. Eles se instruem também no Espaço, "estudam e procuram meios de elevar-se. Veem, observam o que ocorre nos lugares aonde vão; ouvem os discursos dos homens doutos e os conselhos dos espíritos mais elevados e tudo isso lhes incute ideias que antes não tinham."[91]

11. Após a morte, os espíritos podem ser relativamente felizes ou podem sofrer:

---

89. LE, 225.
90. LE, 226.
91. LE, 227.

...conforme seus méritos. Sofrem por efeito das paixões cuja essência conservaram, ou são felizes, de conformidade com o grau de desmaterialização a que hajam chegado. Na erraticidade, o espírito percebe o que lhe falta para ser mais feliz e, desde então, procura os meios de alcançá-lo. Nem sempre, porém, lhe é permitido reencarnar como fora de seu agrado, representando isso, para ele, uma punição.[92]

12. Podem os espíritos errantes ir a todos os mundos?

Conforme. Pelo simples fato de haver deixado o corpo, o espírito não se acha completamente desprendido da matéria e continua a pertencer ao mundo onde acabou de viver, ou a outro do mesmo grau, a menos que, durante a vida, se tenha elevado o que, aliás, constitui o objetivo para que devem tender seus esforços, pois, do contrário, nunca se aperfeiçoaria.

Pode, no entanto, ir a alguns mundos superiores, mas em caráter transitório, se para isso tiver permissão: "A bem dizer, consegue apenas entrevê-los, donde lhe nasce o desejo de melhorar-se, para ser digno da felicidade de que gozam os que os habitam, para ser digno também de habitá-los mais tarde.[93]

233. Os espíritos já purificados descem aos mundos inferiores?

Fazem-no frequentemente, com o fim de auxiliar-lhes o progresso. A não ser assim, esses mundos estariam entregues a si mesmos, sem guias para dirigi-los.[94]

---

92. LE, 231.
93. LE, 232.
94. LE, 233.

13. A literatura mediúnica está repleta de exemplos a respeito desses temas, citando-se, para ilustrar, as excursões a mundos superiores realizadas pelos espíritos Humberto de Campos e Maria João de Deus, narradas respectivamente nos livros *Novas mensagens* e *Cartas de uma morta*, ambos psicografados por Francisco Cândido Xavier, edições FEB.

Capítulo XV

Percepções, sensações e sofrimentos dos espíritos

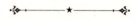

1. Uma vez de volta ao mundo espiritual, o espírito conserva as percepções que tinha quando na crosta, além de outras de que aqui não dispunha, porque o corpo, qual véu sobre ele lançado, o obscurecia. A inteligência é um atributo, que tanto mais livremente se manifesta no espírito, quanto menos entraves tenha que vencer.[95]

Na realidade, as percepções não se fazem na organização física, mas, sim, no espírito. Os órgãos sensoriais, quais instrumentos materiais, captam as sinalizações do plano físico e as transmitem, pela rede nervosa, ao cérebro. Este é a central de comunicação entre o espírito e o corpo somático.

O corpo espiritual, ou perispírito, é a verdadeira sede das sensações. Ele, porém, não pode ser dissociado do espírito propriamente dito, do espírito-centelha, cujo

---
95. Cf. LE, 234, a, a 236, e.

envoltório sutil é o corpo mental. Por isso dissemos que o cérebro é a central de comunicação entre o espírito e o corpo somático. A alma é o conjunto espírito-mente e perispírito, ou seja, o espírito encarnado total.

2.

Organizado por energias próprias e eletromagnéticas e dirigido pela mente, que o aciona conforme o estágio evolutivo do espírito, no *corpo espiritual* ou perispírito estão as matrizes reais das funções que se manifestam na organização *somática*.

Graças à sua complexidade, conserva intacta a individualidade, através da esteira das reencarnações, e se faz responsável pela transmissão ao espírito das sensações que o corpo experimenta, como ao corpo informa das emoções procedentes das sedes do espírito, em perfeito entrosamento de energias entre os centros vitais ou de força, que controlam a aparelhagem fisiológica e psicológica e as reações somáticas, que lhe exteriorizam os efeitos do intercâmbio.[96]

No mesmo sentido manifesta-se André Luiz, que nos fala também da diferença de vibrações do cérebro perispiritual do selvagem e do órgão do pensamento do homem civilizado, assim como entre as ondas mentais emitidas pelo encéfalo de um santo e as que despede a fonte mental de um cientista.[97]

---

96. Joanna de Ângelis, espírito, pela psicografia de Divaldo P. Franco, em *Estudos espíritas*, FEB, 7ª ed., pp. 41 e 42.
97. Aut. cit., em *No mundo maior*, psicografia de F. C. Xavier, FEB, p. 57.

Os mistérios do Universo | 173

3. A libertação da vestimenta carnal, por outro lado, a ninguém torna sábio ou santo. O espírito continua a ser o mesmo, tendo apenas ampliadas suas percepções. Passa também a desfrutar, tanto quanto possível, dos conhecimentos que possuía nas existências anteriores, à medida que a memória se lhe vai tornando global, em virtude da libertação dos registros do seu inconsciente pretérito, na proporção que vai conquistando maior elevação.

Por isso, "os espíritos superiores sabem muito e os espíritos inferiores são mais ou menos ignorantes acerca de tudo." Eles só conhecem o princípio das coisas "conforme a elevação e a pureza que hajam atingido. Os de ordem inferior não sabem mais do que os homens."[98]

4. Os espíritos, por outro lado, vivem fora do tempo como o compreendemos. Os séculos, que para nós são longos, não passam, aos olhos deles, de instantes que se movem na eternidade, do mesmo modo que os relevos do solo se apagam e desaparecem para quem se eleva no espaço.

O tempo, como se sabe constitui uma das dimensões, mais precisamente, a 4ª dimensão do plano físico.

Costumamos dizer que vivemos num plano tridimensional. Essa afirmação, no entanto, só era válida na concepção da física clássica, ou física newtoniana, em que o tempo é uma coordenada universal independente de qualquer referencial. A partir da teoria da relatividade, formulada por Einstein, porém, o tempo passou a ser uma quarta dimensão, "uma coordenada intrínseca

---

98. LE, 239.

174 | JOSÉ NAUFEL

a cada referencial e caracteriza, juntamente com as coordenadas de espaço, o *contínuo espaço-tempo.*"[99]

Ora, os espíritos não vivem no nosso plano dimensional, do qual se libertam quando despem a indumentária carnal. Salvo as exceções já mencionadas, eles se situam no hiperespaço, onde o tempo não tem caráter absoluto como imaginamos, mas, sim, relativo. Daí não sentirem o tempo passar como nós.

5. Observe-se, porém, que a localização do espírito no plano tridimensional ou no hiperespaço depende do seu estado mental. Se ele ainda estiver preso à matéria, não terá conseguido libertar-se do plano físico, onde se fixa sua mente. Se, porém, já possuir alguma elevação, o desligamento do corpo carnal acarretará também sua mudança do mundo tridimensional para o hiperespaço.

6. Quanto menos puro é o espírito, tanto mais limitada tem a visão. Os espíritos inferiores não se apercebem da presença de seres de categoria espiritual mais elevada, por estarem em faixas vibratórias diferentes. O espírito mais purificado, no entanto, dispõe da faculdade de irradiação, podendo ver ao mesmo tempo lugares diversos, em virtude da faculdade de irradiar o pensamento. Ouve e vê somente o que quer.[100]

---

99. Horácio Macedo, em *Dicionário de física*; Rio, 1976, Editora Nova Fronteira, verbete *Tempo*.

100. V. LE, 250.

7. Mais ou menos longo, após a desencarnação, é o período de adaptação do espírito ao novo plano vibratório em que passa a se situar, ainda que já consciente da sua situação. Ele continua dependente, por algum tempo, dos hábitos e necessidades, bem como dos vícios que cultivava no casulo carnal. É de acordo com os esclarecimentos que vai gradualmente recebendo dos seus mentores e dos esforços que realiza que se liberta desses condicionamentos.

AS RELAÇÕES NO ALÉM-TÚMULO

8. A transposição dos umbrais da morte se faz de modo diferente para cada um. Diferente é também o despertar dos espíritos no além-túmulo, variando conforme o apego à matéria ou a maior espiritualização lograda.

Alguns recobram a consciência quase que imediatamente, reconhecendo os parentes e amigos que vêm recepcioná-los na volta à pátria espiritual. Outros custam mais um pouco, levando algumas horas e até mesmo dias e maiores períodos para se darem conta do regresso, mas, apesar do despertar mais lento, recobram o pleno uso de suas faculdades. Há aqueles, porém, que permanecem em estado de verdadeira hibernação durante meses e, muitas vezes, durante anos a fio. Outros despertam em meio a grande perturbação e ficam apavorados com as figuras dantescas e gritos umbralinos com que passam a conviver. Veem suas antigas vítimas e se desesperam ao perceberem ao seu lado os vultos fantasmagóricos dos que se tornam seus verdugos, verdadeiros cobradores implacáveis.[101]

Aqueles que levaram uma vida normal na crosta, sem se entregarem à prática de crimes e maldades, procurando cumprir os seus deveres no seio da família e da sociedade, são acolhidos como bem-amados irmãos, há muito tempo esperados. À sua espera encontram-se antigos familiares e amigos queridos, jubilosos pelo reencontro e que os conduzem às acomodações adequadas na colônia espiritual à qual são vinculados.

A esse respeito os instrutores espirituais disseram expressamente que:

> ...os espíritos vão ao encontro da alma a quem são afeiçoados. Felicitam-na, como se regressasse, por haver escapado aos perigos da estrada, e *ajudam-na a desprender-se dos liames corporais*. É uma graça concedida aos bons espíritos o lhes virem ao encontro os que os amam, ao passo que aquele que se acha maculado permanece em insulamento, ou só tem a rodeá-lo os que lhe são semelhantes. É uma punição.[102]

9. A reunião dos parentes e amigos depois da morte, no entanto:

---

101. V. LE, 286, e André Luiz, em *Nosso Lar* e *Os mensageiros* (psicografia de Francisco Cândido Xavier, ed, FEB), respectivamente, no primeiro, caps. 1, 12, 34 e 44, e, no segundo, caps. 21 e 22.

102. LE, 287 e 289.

...depende da elevação deles e do caminho que seguem, procurando progredir. Se um está mais adiantado e caminha mais depressa do que o outro, não podem os dois conservar-se juntos. Ver-se-ão de tempos a tempos, mas não estarão reunidos para sempre, senão quando puderem caminhar lado a lado, ou quando se houverem igualado na perfeição. Acresce que a privação de ver os parentes e amigos é, às vezes, uma punição.[103]

O ESTADO E A VIDA DO ESPÍRITO DEPOIS DA MORTE

10. Liberto do veículo carnal, o espírito conserva as suas qualidades e defeitos, eis que a morte do corpo em nada lhe altera a personalidade, ou melhor, a individualidade. Os bons continuam a ser bons e os maus continuam a ser maus. Estes últimos se comprazem em induzir os homens ao mal. Motiva-os "o despeito que lhes causa o não terem merecido estar entre os bons. O desejo que neles predomina é o de impedirem, quanto possam que os espíritos ainda inexperientes alcancem o supremo bem. Querem que os outros experimentem o que eles próprios experimentam." É o que se dá também entre nós. E quando da chegada entre eles de outros espíritos "maus, ficam satisfeitos por verem seres que se lhes assemelham e privados, também, da infinita ventura, qual na Terra um tratante entre seus iguais."[104]

---

103. LE, 284 e 285.
104. LE, 288.

178 | JOSÉ NAUFEL

11. Da existência de diferentes ordens de espíritos resulta para estes uma hierarquia de poderes, estabelecendo entre eles autoridade e subordinação. "Os espíritos têm uns sobre os outros a autoridade correspondente ao grau de superioridade que hajam alcançado, autoridade que eles exercem por um ascendente moral *irresistível.*"[105]

12. Note-se, porém, que o poder e a consideração de que um homem tenha gozado na Terra não lhe dão supremacia no mundo dos espíritos. A autoridade destes é moral, decorrente da aquisição de virtudes que tenham feito. Essa autoridade é proveniente do seu caráter, da nobreza de sentimentos, da bondade e do amor que dedicam aos seus irmãos.[106] Assim, "o maior da Terra pode pertencer à última categoria entre os espíritos, ao passo que o seu servo pode estar na primeira." E o que foi grande na crosta como homem, vindo a achar-se, como espírito, entre os de ordem inferior, sente-se humilhado e a humilhação torna-se maior se tiver sido orgulhoso e invejoso.[107]

13. Os bons espíritos vinculados à Terra normalmente vivem nas colônias espirituais, entregues aos seus labores e aos seus estudos. Constituem comunidades que trabalham para diversos fins. Organizam sua estrutura social, disciplinando suas relações mediante normas ju-

---

105. LE, 274.
106. LE, 275.
107. LE, 270.

rídicas adequadas, das quais as nossas constituem modesto reflexo. Existe entre eles também organização política para administração da sociedade.

14. Esses espíritos se deslocam livremente. Para ir a mundos superiores necessitam, porém, de permissão das autoridades espirituais, salvo quando, por merecimento, esses mundos passem a ser sua nova morada. Podem descer às regiões inferiores e geralmente o fazem em missão de auxílio aos espíritos inferiores. As regiões que os bons habitam são, entretanto, interditadas aos espíritos imperfeitos, a fim de que não as perturbem com suas paixões inferiores.

Capítulo XVI

Santos, anjos e demônios

1. A CONCEPÇÃO TEOLÓGICA espírita difere das outras teologias a respeito deste tema. Os santos na teologia católica são as pessoas que, depois de sua morte, são canonizadas pela Igreja, após processo geralmente demorado, no qual alguém é nomeado para exercer o papel de advogado do diabo, para sustentar não haver motivos comprovados para a canonização pretendida. Exige-se que tenha sido comprovado pelo menos um milagre feito pelo suposto santo. Se, no final do processo, ficar comprovado o preenchimento dos requisitos exigidos, ocorre a canonização e o falecido passa a ser santo.

2. Na teologia, segundo a ótica espírita, isso é inaceitável. Primeiro, porque a morte não torna nenhum espírito mais elevado. Ele continua a ter os mesmos defeitos e as mesmas qualidades que possuía em vida, como já vimos. Será mediante os próprios esforços que fizer para

evolver que conseguirá passar a integrar uma ordem espiritual superior. Segundo, porque os homens não têm o poder de interferir na posição espiritual de quem quer que seja. Terceiro, porque o céu não existe como concebido pela Igreja.

3. Uma objeção pode ser feita: se os santos não existem, como é que muitas mensagens mediúnicas são assinadas por santos, como Santo Agostinho, São Luís, Santo Cura d'Ars etc., como muitas que se veem em *O Evangelho segundo o Espiritismo*? A resposta é muito simples: esses espíritos conservam o título de santo, que lhe foi conferida pela, embora indevida, canonização, para serem reconhecidos pelos homens. Mas eles sabem qual sua verdadeira posição no mundo espiritual.

4. Quanto aos anjos, a teologia católica os tem como espíritos perfeitíssimos que assim foram criados por Deus. A teologia espírita também não pode aceitar que assim tenha sido, porque se o fizesse seria aceitar um privilégio que Deus teria concedido a alguns espíritos, quando exige de todos os outros que percorram todas as sendas da evolução até se tornarem espíritos puros ou anjos.

Seria admitir que Deus fosse injusto. Assim, Deus não seria Deus, por faltar-lhe um atributo essencial.

5. A palavra anjo desperta geralmente a ideia de perfeição moral. Entretanto, ela se aplica muitas vezes à designação de todos os seres, bons e maus, que estão

Os mistérios do Universo | 183

fora da Humanidade. Diz-se: o anjo bom e o anjo mau; o anjo de luz e o anjo das trevas. Neste caso, o termo é sinônimo de espírito ou de gênio. Trata-se de linguajar comum, sem sentido teológico, porquanto não se pode admitir um anjo das trevas, o que seria uma contradição.

6. Quando surgiu o mundo em que vivemos, uma infinidade de espíritos já havia chegado à perfeição, já sendo anjos, portanto. Daí acreditarem os homens que esses anjos haviam sido assim criados. A Igreja é composta de homens, por isso, concebeu essa teoria. Os anjos na concepção espírita não vivem insulados, mas formam comunidades de espíritos puros, das quais fazem parte os Cristos.[108]

7. Da mesma forma, para explicar a existência de espíritos malfazejos, a teologia católica concebeu que uma legião de anjos, chefiados por Lúcifer, se tivesse rebelado contra Deus transformando-se em legião de demônios.

Veja-se a contradição: os anjos são espíritos superiores, perfeitíssimos; sendo assim, como teriam incorrido em falta tão grave qual seja a de se rebelar contra o Criador?

Vejamos como os espíritos colocaram esse tema, no seguinte diálogo com Kardec:

131. Há demônios, no sentido que se dá a esta palavra?

Se houvesse demônios, seriam obra de Deus. Mas,

---

108. V. Emmanuel, em *A caminho da luz*, ed. FEB.

porventura, Deus seria justo e bom se houvera criado seres destinados eternamente ao mal e a permanecerem eternamente desgraçados? Se há demônios, eles se encontram no mundo inferior em que habitais e em outros semelhantes. São esses homens hipócritas que fazem de um Deus justo um Deus mau e vingativo e que julgam agradá-Lo por meio das abominações que praticam em Seu nome.

A palavra demônio não implica a ideia de espírito mau, senão na sua acepção moderna, porquanto o termo grego *daimon*, donde ela derivou, significa gênio, inteligência e se aplicava aos seres incorpóreos, bons ou maus, indistintamente.

Por demônios, segundo a acepção vulgar da palavra, se entendem seres essencialmente malfazejos. Como todas as criaturas, eles teriam sido criados por Deus. Ora, Deus, que é soberanamente justo e bom, não pode ter criado seres maus, por sua natureza e, por isso, condenados por toda a eternidade. Se não fossem obra de Deus, existiriam, como Ele, desde toda a eternidade, ou então haveria muitas potências soberanas. Isso equivaleria a admitir a existência de um deus do mal.

A primeira condição de toda boa doutrina é ser lógica. Ora, à dos demônios, no sentido absoluto, falta esta base essencial. Concebe-se que povos atrasados, os quais, por desconhecerem os atributos de Deus, admitem em suas crenças divindades maléficas, também admitam demônios; mas, é ilógico e contraditório que quem faz da bondade um dos atributos essenciais de Deus supo-

Os MISTÉRIOS DO UNIVERSO | 185

nha haver Ele criado seres destinados ao mal e a praticá-lo perpetuamente, porque isso equivale a lhe negar a bondade. Os partidários dos demônios se apoiam nas palavras do Cristo. Não seremos nós quem conteste a autoridade de seus ensinos, que desejáramos ver mais no coração do que na boca dos homens; porém estarão aqueles partidários certos do sentido que ele dava a esse vocábulo? Não é sabido que a forma alegórica constitui um dos caracteres distintivos da sua linguagem? Dever-se-á tomar ao pé da letra tudo o que o Evangelho contém? Não precisamos de outra prova além da que nos fornece esta passagem: "Logo após esses dias de aflição, o Sol escurecerá e a Lua não mais dará sua luz, as estrelas cairão do céu e as potências do céu se abalarão. Em verdade vos digo que esta geração não passará, sem que todas estas coisas se tenham cumprido."

Não temos visto a ciência contraditar a forma do texto bíblico, no tocante à criação e ao movimento da Terra? Não se dará o mesmo com algumas figuras de que se serviu o Cristo, que tinha de falar de acordo com os tempos e os lugares? Não é possível que ele haja dito conscientemente uma falsidade. Assim, pois, se nas suas palavras há coisas que parecem chocar a razão, é que não as compreendemos bem, ou as interpretamos mal.

Os homens fizeram com os demônios o que fizeram com os anjos. Como acreditaram na existência de seres perfeitos desde toda a eternidade, tomaram os espíritos inferiores por seres perpetuamente maus. Por demônios se deve entender os espíritos impuros, que muitas vezes não valem mais do que as entidades designadas por esse nome, mas com a diferença de ser transitório o estado deles. São espíritos imperfeitos, que se rebelam contra as provas que lhes tocam e que, por isso, as sofrem mais longamente, porém que, a seu turno, chegarão a sair daquele estado, quando o quiserem. Poder-se-ia, pois, aceitar o termo demônio com esta restrição. Como o entendem atualmente, dando-se-lhe um sentido exclusivo, ele induziria em erro, com o fazer crer na existência de seres especiais criados para o mal.

Satanás é evidentemente a personificação do mal sob forma alegórica, visto não se poder admitir que exista um ser mau a lutar, como de potência a potência, com a divindade e cuja única preocupação consistisse em lhe contrariar os desígnios. Como precisa de figuras e imagens que lhe impressionem a imaginação, o homem pintou os seres incorpóreos sob uma forma material, com atributos que lembram as qualidades ou os defeitos humanos. É assim que os antigos, querendo personificar o Tempo, o pintaram com a figura de um velho munido de uma foice e uma ampulheta. Representá-lo pela figura de um mancebo fora contrassenso. O mesmo se verifica com as alegorias da fortuna, da verdade, etc. Os modernos representaram os anjos, os puros espíritos, por uma figura radiosa, de asas brancas, emblema da pureza; e Satanás com chifres, garras e os atributos da animalidade, emblema das paixões vis. O vulgo, que toma as coisas ao pé da letra, viu nesses emblemas individualidades reais, como vira outrora Saturno na alegoria do Tempo.[109]

---

109. Cf. comentários de Kardec às questões transcritas.

Capítulo XVII

Jesus, o Logos do princípio

1. PARA TODAS AS óticas teológicas, Jesus não foi um homem comum. Ele é para todas elas, a encarnação de um espírito superior. Para a teologia católica, ele é Deus encarnado, ou melhor, o Filho de Deus, a segunda pessoa da Santíssima Trindade que desceu à Terra. A teologia espírita não aceita essa concepção, porque para ela Deus é uno. Se não o fosse não seria Deus, porque estaria dividido. A unidade absoluta é um dos atributos divinos. É verdade que a teoria cristã[110] da Santíssima Trindade ressalva que Deus é uno em três pessoas distintas: o Pai, o Filho e o Espírito Santo. Com isso, o poder e a essência divina estariam atribuídos a três pessoas.

2. A teologia católica sustenta a composição da Santíssima Trindade nos seguintes termos exemplificativos:

---

110. A teologia espírita também é cristã, como cristãs são a teologia católica, a teologia ortodoxa, a teologia protestante etc.

DEUS PAI – Não foi criado e nem gerado. É o "princípio e o fim, princípio sem princípio"; por si só, é Princípio de Vida, de quem tudo procede; possui absoluta comunhão com o Filho e com o Espírito Santo. Atribui-se ao Pai a criação do mundo.

DEUS FILHO – Procede eternamente do Pai, por quem foi gerado, não criado. Gerado pelo Pai porque assumiu no tempo Sua natureza humana, para nossa salvação. É Ele Eterno e consubstancial ao Pai (da mesma natureza e substância). Atribui-se ao Filho a redenção do mundo.

DEUS ESPÍRITO SANTO – Procede do Pai e do Filho; é como uma expiração, sopro de amor consubstancial entre o Pai e o Filho; pode-se dizer que Deus em sua vida íntima é amor, que se personaliza no Espírito Santo. Manifestou-se primeiramente no batismo e na transfiguração de Jesus; depois no dia de Pentecostes sobre os discípulos. Habita nos corações dos fiéis com o dom da caridade. Atribui-se ao Espírito Santo a santificação do mundo.

Vê-se que somente a primeira pessoa é o princípio, do qual tudo procede. As duas outras pessoas *procedem* dela, o que significa inexistir a unidade. Por outro lado, Deus seria um em três pessoas distintas. Deus, porém, não pode ser pessoa, muito menos mais de uma.

3. Não é nosso intuito criticar as teologias não espíritas, mas apenas explicitar o que a teologia espírita não aceita e por quê. A concepção de que Jesus é Deus en-

carnado está muito arraigada na mentalidade humana. Por isso, é importante contestá-la e dizer por que razões.

4. Deus é ilimitado e por isso não poderia encarnar sob pena de tornar-se limitado. Deus é imaterial e se encarnasse tornar-se-ia matéria.

> Deus, por suas leis, eternas como Ele, está presente na criação, por efeito de sua imanência, sem se confundir com o Universo criado por Ele (Questão 77 de *O Livro dos Espíritos*), isto porque as leis de Deus permitem a ligação de todas as coisas ao Seu poder e à Sua perfeição; entretanto, por sua transcendência, Deus continua distante do Universo, independente de tudo quanto cria.[111]

Isso seria, portanto, motivo para impedir sua encarnação. Caso contrário, Ele se confundiria com sua própria criação.

5. Então, pergunta-se: quem era Jesus como *individualidade cósmica*?
Ele era uma *personalidade*, um homem que viveu na Palestina, filho de Maria e que tinha José como pai. Sabemos que, em cada encarnação, assumimos uma *personalidade*, mas o espírito que reencarna constitui uma *individualidade cósmica*. Essa individualidade não muda nunca, é sempre a mesma pelo resto da eternidade. Logo, por trás de Jesus como personalidade, havia

---

111. Gerson Simões Monteiro, em entrevista à Rádio Rio de Janeiro.

uma individualidade de natureza permanente. A tradição evangélica diz que o anjo Gabriel anunciou a Maria, conforme se vê em Lucas, 31-33: "Eis que conceberás e darás à luz um filho, e o chamarás com o nome de JESUS. ELE será grande, será chamado Filho do Altíssimo, e o SENHOR DEUS lhe dará o trono de Davi, seu pai; ELE reinará na casa de Jacó para sempre, e o seu reinado não terá fim". Maria, lembrando o seu voto de castidade perpétua, indagou ao arcanjo: "Como é que vai ser isso, se eu não conheço homem algum"? (Lc 1,34) Respondendo ele disse: "O ESPÍRITO SANTO virá sobre ti, e o poder do Altíssimo vai te cobrir com a sua sombra; por isso o Santo que nascer será chamado FILHO DE DEUS". (Lc 1,35)

6. Daí surgiu a concepção de que Jesus, como Filho de Deus, seria a encarnação da segunda pessoa da Santíssima Trindade, o Filho, e que teria sido concebido por obra do Espírito Santo. A teologia segundo a ótica espírita não aceita, como já vimos, essa concepção, mas leva em consideração o alto grau espiritual da individualidade cósmica de Jesus, que gerou essa criação evangélica.

7. Rejeitando a divindade de Jesus, a teologia espírita procura situá-lo numa posição adequada à doutrina kardecista. E essa posição seria a de um espírito puro, isto é, de um espírito que já tivesse percorrido todos os graus da evolução.

O nº 226 de *O Livro dos Espíritos* esclarece que, quanto ao estado no qual se encontram, os espíritos podem ser encarnados, errantes ou puros. Acerca dos puros, diz: "Não são errantes... Esses se encontram no seu estado definitivo."

Tal é a condição espiritual de Jesus: a dos espíritos puros, ou seja, a dos espíritos que "percorreram todos os graus da escala e se despojaram de todas as impurezas da matéria" (LE, 113). Apesar de integrar o número dos que "não estão mais sujeitos à reencarnação em corpos perecíveis", dos que "realizam a vida eterna no seio de Deus" (*id. ibid.*), entre nós, por missão, *Jesus-individualidade* encarnou. O nº. 233 de *O Livro dos Espíritos* esclarece, "os espíritos já purificados descem aos mundos inferiores", a fim de que não estejam tais mundos "entregues a si mesmos, sem guias para dirigi-los". Esse espírito puro, como é óbvio, não tem necessidade de reencarnar, mas o faz por missão para orientar as humanidades dos mundos inferiores, pregando a lei do amor.

8. Os espíritos puros, segundo se vê em Emmanuel, no livro *A caminho da luz* (ed. FEB), vivem em comunidades. Relata-nos esse autor espiritual que:

> Rezam as tradições do mundo espiritual que na direção de todos os fenômenos do nosso sistema, existe uma Comunidade de espíritos puros e eleitos pelo Senhor supremo do Universo, em cujas mãos se conservam as rédeas diretoras da vida de todas as coletividades planetárias.
>
> Essa comunidade de seres angélicos e perfeitos, **da qual é Jesus um dos membros divinos,** ao que nos foi dado saber, apenas já se reuniu nas proximi-

192 | José Naufel

dades da Terra, para a solução de problemas decisivos da organização e da direção do nosso planeta, por duas vezes no curso dos milênios conhecidos.

A primeira verificou-se quando o orbe terrestre se desprendia da nebulosa solar, a fim de que se lançassem, no Tempo e no Espaço, as balizas do nosso sistema cosmogônico e os pródromos da vida na matéria em ignição, do planeta, e a segunda, quando se decidia a vinda do Senhor à face da Terra, trazendo à família humana a lição imortal do seu Evangelho de amor e redenção.[112]

9. Diz-nos Emmanuel que foi Jesus o divino escultor ao longo do período de confusão dos elementos físicos da organização planetária e que:

...havia vencido todos os pavores das energias desencadeadas: com as suas legiões de trabalhadores divinos, lançou o escopro da sua misericórdia sobre o bloco de matéria informe, que a Sabedoria do Pai deslocara do Sol para as suas mãos augustas e compassivas. Operou a escultura geológica do orbe terreno, talhando a escola abençoada e grandiosa, na qual o seu coração haveria de expandir-se em amor, claridade e justiça. Com os seus exércitos de trabalhadores devotados, estatuiu os regulamentos dos fenômenos físicos da Terra, organizando-lhes o equilíbrio futuro na base dos corpos simples de matéria, cuja unidade substancial os espectroscópios terrenos puderam identificar por toda a parte no universo galáctico. Organizou

---

112. Em ob. cit., psicografia de Francisco Cândido Xavier, FEB, 32ª ed. pp. 17 e 18.

Os mistérios do Universo | 193

o cenário da vida, criando, sob as vistas de Deus, o indispensável à existência dos seres do porvir. Fez a pressão atmosférica adequada ao homem, antecipando-se ao seu nascimento no mundo, no curso dos milênios; estabeleceu os grandes centros de força da ionosfera e da estratosfera, onde se organizam os fenômenos elétricos da existência planetária, e edificou as usinas de ozônio a 40 e 60 quilômetros de altitude, para que filtrassem convenientemente os raios solares, manipulando-lhes a composição precisa à manutenção da vida organizada no orbe. Definiu todas as linhas de progresso da humanidade futura, engendrando a harmonia de todas as forças físicas que presidem ao ciclo das atividades planetárias.[113]

10. A segunda vez em que a referida comunidade de seres angélicos e perfeitos se reuniu nas proximidades da Terra foi quando se decidia a vinda do senhor à face da Terra, trazendo à família humana a lição imortal do seu Evangelho de amor e redenção.

11. O Evangelho de João também nos indica a existência dos cocriadores divinos, que nada mais são do que os espíritos puros, os anjos e arcanjos da teologia espírita. Ele inicia seu Evangelho com estas palavras:

"1 No princípio existia o Verbo, e o verbo estava com Deus. E o verbo era Deus. 2 No princípio ele estava com Deus. 3 Tudo foi feito por meio dele e sem

---

113. Ob. cit., pp. 21 e 22.

ele nada se fez. 4 Nele estava a vida de todo ser e a vida era a luz dos homens. 5 A luz brilha nas trevas, mas as trevas não a acolheram." (Tradução do Padre José Raimundo Vidigal, Editora FTD)

Outras traduções existem com pequenas variantes, como a do sacerdote e teólogo ortodoxo Jean-Ives Leloup (Editora Vozes, tradução de Guilherme João de Freitas Teixeira), que assim apresenta o texto supra:

1. No princípio o Logos, o Logos está voltado para Deus, o Logos é Deus.
2. No princípio, ele está com Deus.
3. Todas as coisas existem por ele, sem ele: nada.
4. Ele é a vida de todo o ser, a vida é a luz dos homens.
5. A luz brilha nas trevas, as trevas não conseguem alcançá-lo.

12. Logos e Verbo são a mesma coisa. Verbo é latim, Logos é grego. O Evangelho de João, em qualquer de suas traduções, fala do Verbo ou do Logos como uma entidade divina. "No princípio, ele está em Deus, ou é Deus", "o Logos está voltado para Deus", o que significa sua comunhão com Deus, sem ser Deus, no entanto. Isto significa que o Cristo estava integrado na comunidade dos espíritos puros voltada para Deus. Mas João diz que o Logos, ou o Verbo, é Deus, não querendo dizer que o Logos seja o próprio Deus, mas que possui poderes divinos, poderes que lhe foram delegados por Deus, para participar da criação. O Verbo, portanto,

é divino porque é um cocriador. Quanto a dizer que nada foi feito sem ele, constitui o resultado do que vimos advertindo desde as primeiras páginas deste livro: a Bíblia, tanto no Antigo quanto no Novo Testamento, confunde a criação da Terra com a criação do Universo.

13. A cocriação em plano maior é explicitada também por André Luiz. Ele nos diz que "o fluido cósmico é o plasma divino", e que "nesse elemento primordial, vibram e vivem constelações e sóis, mundos e seres, como peixes no oceano."

> Nessa substância original, ao influxo do próprio Senhor Supremo, operam as inteligências divinas a Ele agregadas, em processo de comunhão indescritível, os grandes Devas da teologia hindu ou os arcanjos da interpretação de variados templos religiosos, extraindo desse hálito espiritual os celeiros da energia com que constroem os sistemas da imensidade, em serviço de cocriação em plano maior, de conformidade com os desígnios do Todo-Misericordioso, que faz deles agentes orientadores da criação excelsa.
>
> Essas inteligências gloriosas tomam o plasma divino e convertem-no em habitações cósmicas, de múltiplas expressões, radiantes ou obscuras, gaseificadas ou sólidas, obedecendo a leis predeterminadas, quais moradas que perduram por milênios e milênios, mas que se desgastam e se transformam, por fim, de vez que o espírito criado pode formar ou cocriar, mas só Deus é o Criador de toda a eternidade.[114]

---

114. Aut. cit., em *Evolução em dois mundos*, psicografia de Francisco Cândido Xavier e Waldo Vieira, FEB, 1ª edição especial, p. 19.

14. Do Evangelho de João e da revelação de Emmanuel e André Luiz, conclui-se, sem sombra de dúvida, que Jesus é o logos, arcanjo ou espírito puro, que vive em comunhão com Deus e que participa da cocriação em plano maior, tendo recebido a missão de vir à Terra pregar aos homens o Evangelho de redenção e amor.

Capítulo XVIII

Jesus, o Cristo

1. A VINDA DE um Salvador estava prevista séculos antes da chegada do Cristo. No Velho Testamento encontramos inúmeras profecias a esse respeito. Principalmente os judeus, escravizados e oprimidos no velho Egito, esperavam por um libertador.

2. Todos esperavam pelo *Christius*, tradução grega do hebraico *Messiah*, Messias. Lê-se em *Provérbio* 8:24-25: "Antes de haver abismo, eu nasci e antes ainda de haver fontes carregadas de águas. Antes que os montes fossem firmados, antes de haver outeiros, eu nasci."
Sabia-se que o Cristo havia participado da criação: Provérbio 8:29-30; Gênesis 1:26 – "Quando fixava ao mar o seu limite, para que as águas não traspassassem os seus limites; quando compunha os fundamentos da terra; então eu estava com ele e era seu arquiteto, dia após dia, eu era as suas delícias, folgando perante ele em todo tempo."

Confirmando essa afirmação, diz-nos João em seu Evangelho, 1:10 – "O Verbo estava no mundo, o mundo foi feito por intermédio dele, mas o mundo não o conheceu."

3. Quase um milênio antes de Cristo, o Profeta Isaías concitava: "Voz do que clama no deserto: Aparelhai o caminho do Senhor; endireitai no ermo as veredas do nosso Deus" (Isaías 40:3).

Posteriormente, há dois mil anos, registrava Mateus: 3:1 – "Naqueles dias, apareceu João Batista pregando no deserto da Judeia e dizia: Arrependei-vos, porque está próximo o reino dos céus."

Narra João:

> [6]Apareceu um homem enviado por Deus. Seu nome era João.[7] Ele veio como testemunha, para dar testemunho da luz, para que, por meio dele, todos viessem a crer.[8] Ele não era a luz, mas devia dar testemunho da luz.[9] O Verbo, a luz verdadeira, que ilumina todo homem, estava para vir ao mundo.[10] Ele estava no mundo, e o mundo foi feito por ele, mas o mundo não o reconheceu.

Era de João Batista que o evangelista falava, "a voz que clama no deserto" e que anunciava a vinda do Senhor. Note-se nesta passagem mais uma referência a que o mundo (a Terra) tinha sido feito por Ele.

4. Quanto ao lugar do nascimento do Messias, anunciou Miqueias (5:2) – "Mas tu, Belém Efrata, posto que

pequena entre milhares de Judá, de ti me sairá aquele que há de reinar em Israel e cuja geração é desde o princípio, desde os dias da eternidade".

Mateus e Lucas confirmaram a profecia: – "Tendo Jesus nascido em Belém da Judeia, no tempo do rei Herodes, vieram uns magos do Oriente a Jerusalém (Mateus 2:1 Lucas 2:4-7)".

5. Assim, Jesus é o Messias cuja vinda estava anunciada há milênios. Por isso é chamado Jesus, o CRISTO. Para significar sua angelitude, diz-se Jesus, o LOGOS.

6. Já ficou dito que o Logos é um espírito puro. Sendo assim, o indivíduo cósmico que conhecemos pela sua encarnação como Jesus, foi criado como todos nós, simples e ignorante, tendo iniciado sua evolução nos longes da eternidade. Percorreu as sendas evolutivas não se sabe por quanto tempo, porquanto não se tem notícia a esse respeito. Uma coisa, no entanto, é certa: ele reencarnou em vários ou muitos mundos, desde os mundos primitivos, passando pelos mundos de expiação e provas, mundos regeneradores, mundos felizes e mundos divinos.

7. Essa escala evolutiva implica em que seu perispírito se foi modificando a cada mundo em que ele passou a habitar. Sabemos que mudamos de contextura perispiritual quando passamos de um mundo para outro, eis que retiramos do fluido universal de cada globo o invólucro semimaterial de que nos revestimos, razão por que o perispírito não é idêntico em todos eles (LE, 94).

Acontece que o fluido cósmico de cada mundo é de textura condicionada às características planetárias, variando de acordo com sua densidade. Na Terra é mais grosseiro do que em Marte, em Marte do que em Júpiter e assim por diante.

8. Quando o espírito chega à ordem dos espíritos puros, pode-se dizer que seu perispírito, se ainda existir, é tenuíssimo. Tudo nos leva a crer, no entanto, que o espírito puro é revestido apenas do corpo mental. Nada podemos afirmar a esse respeito, por falta de informação. Seja como for, porém, o espírito puro não tem como reencarnar diretamente num invólucro material grosseiro como o de que somos revestidos na Terra.

Kardec perguntou:

> 94. a) Assim, quando os espíritos que habitam mundos superiores vêm ao nosso meio, tomam um perispírito mais grosseiro?
>
> É necessário que se revistam da vossa matéria, já o dissemos.

9. Como pode o espírito tomar um perispírito mais grosseiro? Revestindo-se inicialmente de um perispírito menos delicado do que o seu. Mas, como pode ser isso? Fazendo uma descida vibratória.

Lembremos que André Luiz nos diz que o perispírito possui estrutura eletromagnética, "formação sutil, urdida em recursos dinâmicos, extremamente porosa e plástica, em cuja tessitura as células, noutra faixa vibratória, à face do sistema de permuta visceralmente renovado, se distribuem mais ou menos à feição das partículas coloides, com a respectiva carga elétrica, comportando-se no espaço segundo a sua condição específica e apresentando estados morfológicos conforme o campo mental a que se ajusta."115

Vale dizer que o perispírito, por possuir estrutura eletromagnética e se situar em cada etapa de sua evolução em determinada faixa vibratória, para passar de um mundo superior a outro inferior, tem de fazer o devido ajuste vibratório.

10. Foi isso que o LOGOS teve de fazer. Quando já se encontrava na faixa vibratória mais elevada, para vir à Terra, teve de fazer a necessária descida vibratória, percorrendo em sentido inverso a caminhada cósmica que havia feito para chegar à condição de espírito puro.

11. O fato é que o LOGOS desceu à Terra, após uma reunião em que a comunidade dos espíritos puros a que ele pertence tomou essa decisão. E nasceu em Belém, tomando o nome de Yeshua, ou Jesus.

12. Cumpriram-se, assim, as profecias e o Salvador chegou para alívio dos oprimidos, para pregar o Evangelho do amor e da redenção.

---

115. Aut. cit., em *Evolução em dois mundos*, (psicografia de Francisco Cândido Xavier e Waldo Vieira, FEB, 1ª ed. especial, pp. 25 e 26.

Capítulo XIX

Jesus, o Nazareno

1. PASSEMOS AGORA AO estudo da pessoa de Jesus encarnado entre nós como um homem comum, no contexto de uma família.

Muita coisa que consta dos Evangelhos sobre ele não é provada. A começar pela data de seu nascimento, que não deve ter sido no dia 25 de dezembro.

Narra Lucas que a essa época, havia na região pastores pernoitando nos campos e montando guarda sobre seu rebanho no decorrer da noite (Lc, 2,8). Ora, o mês de dezembro em Belém, como em Nazaré, é frígido, pleno inverno, com os campos cobertos de neve, o que não seria propício para a permanência de pastores nos campos, montando guarda a seus rebanhos. Calcula-se, sim, que Jesus tenha nascido no verão, entre os meses de junho a setembro.

2. Ele também não deve ter nascido no ano que mar-

204 | José Naufel

cou o início do calendário cristão. Isto porque esse calendário contém um erro estimado em seis ou sete anos.

O papa **Gregório XIII** havia encarregado o diácono Dionísio de confeccioná-lo, mas este esqueceu de computar o ano zero, bem como os quatro anos do reinado de Herodes e o período em que César Augusto havia governado com o seu próprio nome (Otávio).

3. A chamada Estrela de Belém, que Mateus diz que os Magos viram no Oriente e que ia caminhando à frente deles, até que parou sobre o lugar onde estava o menino (Mt, 2,9), na realidade não era uma estrela. Alguns autores supõem que a estrela de Belém teria sido uma conjunção tríplice entre Júpiter e Saturno no ano 7 a.C.[116] Note-se que conjunção tríplice não é uma conjunção de três planetas, mas três conjunções sucessivas de dois planetas. Teria sido isso que tinha sido visto pelos Magos: por três vezes sucessivas, no decorrer de alguns meses, eles teriam visto a conjunção de Júpiter e Saturno, em pontos diferentes do firmamento, o que tomaram por uma Estrela Guia, levando-os a encontrar o lugar do nascimento de Jesus.

4. Do ponto de vista teológico, essas divergências não têm importância. O que interessa à teologia é a natureza da individualidade cósmica que encarnou como Jesus, bem como o desempenho da sua missão e o seu destino depois de terminada sua existência carnal.

---

116. Ronaldo Rogério de Freitas Mourão, em *Dicionário enciclopédico de astronomia e astronáutica*, Rio, 1987, Editora Nova Fronteira, verbete *Conjunção Tríplice*, p. 192.

Os mistérios do Universo | 205

5. Jesus nasceu de Maria de Nazaré, que era casada com José, o carpinteiro. Não importa se ela o concebeu por meios extraordinários (o que não é provável porque Deus não altera Suas leis) ou pelo processo humano sexuado. É mais provável que tenha sido por este, mesmo porque os Evangelhos dizem que Jesus tinha irmãos, embora sua existência seja negada pela Igreja católica. A virgindade de Maria seria um mito para coonestar a teoria de que Jesus era Deus encarnado.

6. O Messias teve uma infância normal, sendo diferente das outras crianças pelo grau extraordinário da sua inteligência e dos seus conhecimentos. Basta lembrar que aos doze anos foi encontrado no Templo discutindo com os doutores da lei, que se admiravam de sua sabedoria.

7. Dos doze aos trinta anos levou vida ignorada. Uns dizem que ele viveu entre os essênios, outros que peregrinou pelo Egito e outras terras, para perfazer sua formação. Jesus, porém, já nasceu com esta completa. Ele era um espírito puro, como sabemos, e sua mente era completamente desenvolvida. O seu corpo suportava vibrações altamente energéticas. Atente-se na transfiguração no Monte Tabor. O que ocorreu ali foi o apagamento dos liames carnais para que se manifestasse seu corpo espiritual. E isto, ainda assim, depois da descida vibratória a que ele se submeteu, como vimos.

8. Quanto à sua constituição física, Jesus é descrito

206 | JOSÉ NAUFEL

numa carta do senador Públio Lêntulus[117], ao imperador Tibério, que passamos a transcrever:

> Sabendo que desejas conhecer quanto vou narrar, existindo nos nossos tempos um homem, o qual vive atualmente de grandes virtudes, chamado Jesus, que pelo povo é inculcado o profeta da verdade, e os seus discípulos dizem que é filho de Deus, criador do céu e da terra e de todas as coisas que nela se acham e que nela tenham estado; em verdade, ó César, cada dia se ouvem coisas maravilhosas desse Jesus: ressuscita os mortos, cura os enfermos, em uma só palavra: é um homem de justa estatura e é muito belo no aspecto, e há tanta majestade no rosto, que aqueles que o veem são forçados a amá-lo ou temê-lo. Tem os cabelos da cor amêndoa bem madura, são distendidos até as orelhas, e das orelhas até as espáduas, são da cor da terra, porém mais reluzentes.
>
> Tem no meio de sua fronte uma linha separando os cabelos, na forma em uso nos nazarenos, o seu rosto é cheio, o aspecto é muito sereno, nenhuma ruga ou mancha se vê em sua face, de uma cor moderada; o nariz e a boca são irrepreensíveis.
>
> A barba é espessa, mas semelhante aos cabelos, não muito longa, mas separada pelo meio, seu olhar é muito afetuoso e grave; tem os olhos expressivos

---

117. O senador romano Públio Lêntulus foi à Palestina na época de Jesus, em busca das melhoras da saúde de sua filhinha Flávia, que foi curada pelo Cristo em atenção à vívida fé de sua mãe, Lívia. O senador teve um encontro com Jesus, mas não se rendeu à misericórdia do Mestre. Fez, no entanto, uma carta a Tibério descrevendo Jesus. Sua história é narrada, séculos depois, por ele mesmo, o espírito Emmanuel, no livro *Há 2.000 anos...*, psicografado por Francisco Cândido Xavier e editado pela FEB.

e claros, o que surpreende é que resplandecem no seu rosto como os raios do sol, porém ninguém pode olhar fixo o seu semblante, porque quando resplende, apavora, e quando ameniza, faz chorar; faz-se amar e é alegre com gravidade.

Diz-se que nunca ninguém o viu rir, mas, antes, chorar. Tem os braços e as mãos muito belos; na palestra, contenta muito, mas o faz raramente e, quando dele se aproxima, verifica-se que é muito modesto na presença e na pessoa. É o mais belo homem que se possa imaginar, muito semelhante à sua mãe, a qual é de uma rara beleza, não se tendo, jamais, visto por estas partes uma mulher tão bela, porém, se a majestade tua, ó César, deseja vê-lo, como no aviso passado escreveste, dá-me ordens, que não faltarei de mandá-lo o mais depressa possível.

De letras, faz-se admirar de toda a cidade de Jerusalém; ele sabe todas as ciências e nunca estudou nada. Ele caminha descalço e sem coisa alguma na cabeça. Muitos se riem, vendo-o assim, porém em sua presença, falando com ele, tremem e admiram.

Dizem que um tal homem nunca fora ouvido por estas partes. Em verdade, segundo me dizem os hebreus, não se ouviram, jamais, tais conselhos, de grande doutrina, como ensina este Jesus; muitos judeus o têm como divino e muitos me querelam, afirmando que é contra a lei de Tua Majestade; eu sou grandemente molestado por estes malignos hebreus.

Diz-se que esse Jesus nunca fez mal a quem quer que seja, mas, ao contrário, aqueles que o conhecem e com ele têm praticado, afirmam ter dele recebido grandes benefícios e saúde, porém à tua obediência estou prontíssimo, aquilo que Tua Majestade ordenar será cumprido.

Vale, da Majestade Tua, fidelíssimo e obrigadíssimo...

Públio Lêntulus, presidente da Judeia Lindizione setima, luna seconda."

(Este documento foi encontrado no arquivo do duque de Cesadini, em Roma. Afirma-se que se encontra na Biblioteca do Vaticano, mas a Igreja Católica nega sua veracidade).

9. Emmanuel, no livro *Há 2.000 anos...*, narra o encontro que Públio Lêntulus teve com Jesus e que teria sido a fonte das informações contidas nessa carta. Descreve ele:

Diante de seus olhos ansiosos, estacara personalidade inconfundível e única. Tratava-se de um homem ainda moço, que deixava transparecer nos olhos, profundamente misericordiosos, uma beleza suave e indefinível. Longos e sedosos cabelos moldavam-lhe o semblante compassivo, como se fossem fios castanhos, levemente dourados por luz desconhecida. Sorriso divino, revelando ao mesmo tempo bondade imensa e singular energia, irradiava da sua melancólica e majestosa figura uma fascinação irresistível.

Esse o homem conhecido por Jesus, cuja presença emocionava extraordinariamente quantos o viam. Foi o que aconteceu com Públio Lêntulus. Quando sentiu sua presença, "lágrimas ardentes rolaram-lhe dos olhos, que raras vezes haviam chorado, e força misteriosa e invencível fê-lo ajoelhar-se na relva lavada em luar. Desejou falar, mas tinha o peito sufocado e opresso."

10. A forte personalidade de Jesus resultava de ser a reencarnação de um espírito puro. As vestes carnais mal continham sua individualidade cósmica. O corpo era de um homem, mas o espírito era de um arcanjo. Era essa dupla natureza que explicava os fenômenos que se operavam com Jesus.

Capítulo XX

Jesus, o filho do Homem

⬧———★———⬧

1. Nos Evangelhos deparamos, relativamente a Jesus, ora com a expressão *O Filho de Deus* e ora com *O Filho do Homem.*

Não é por acaso que assim é. Quando mencionam *O Filho de Deus* querem indicar a individualidade cósmica de Jesus: o LOGOS do princípio, ou seja, o arcanjo que estava com Deus, o Cocriador do mundo.

2. Em Mateus encontramos ambas as expressões no mesmo capítulo (16). Vejamos:

> [13]Chegando Jesus ao território da Cezareia de Felipe, perguntou aos discípulos: "No dizer do povo, quem é o Filho do Homem?"
> [14]Os discípulos responderam: "Uns dizem que é João Batista; outros afirmam que é Elias; outros ainda falam que é Jeremias ou um dos profetas". [15]Então, Jesus lhes perguntou; "E vós? Para vós, quem

sou eu?" [16] Simão Pedro respondeu: "Tu és o Messias, o Filho de Deus vivo.

Quando Jesus perguntou: "quem é o Filho do Homem?" referia-se a ele próprio, Jesus. A pergunta era de quem o Filho do Homem era a reencarnação. Filho do Homem era o ser encarnado, o homem, Jesus. Quando Pedro respondeu: Tu és o Messias, o Filho de Deus vivo, referia-se à individualidade cósmica de Jesus, ao espírito puro, ou arcanjo, que havia reencarnado sob a personalidade de Jesus.

3. Assim, o Filho de Deus e o Filho do Homem eram a mesma pessoa de pontos de vista diferentes: um cósmico, outro terreno. E Jesus tinha as duas naturezas: uma decorrente de sua individualidade e a outra que era a sua personalidade.

Já estudamos o Filho de Deus, o LOGOS do princípio. Vamos passar a tratar do Filho do Homem.

4. Jesus, como homem, tinha natureza humana. Obviamente, não possuía os defeitos próprios do homem comum, porquanto como espírito já atingira o grau máximo de perfeição. Mas, em virtude de sua reencarnação, ficou sujeito às vicissitudes humanas. Algumas óticas teológicas, porém, o descrevem como sobre-humano. Para a ótica espírita, ele era um homem normal, apenas sem pecado. A superioridade do seu espírito tornava-o imune aos defeitos encontrados na generalidade dos homens.

5. Jesus, o Filho do Homem, levava vida normal. Teve sua infância, adolescência, juventude e vida adulta, como todo ser humano, sem prejuízo de sua perfeição moral.

Kardec perguntou aos espíritos: "625. Qual o tipo mais perfeito que Deus tem oferecido ao homem, para lhe servir de guia e modelo?", e os espíritos responderam: "Jesus".

Assim Jesus, **como homem**, serve de guia e modelo para todos os homens. Logo, ele era o modelo para todos nós: um homem reto, temente a Deus, cumpridor de seus deveres, ornado de virtudes.

6. Pelos Evangelhos chamados canônicos (a Vulgata, da Igreja), nada se sabe sobre Jesus quanto à sua vida pessoal. Mas, a partir de 1945, apareceram em Nag--Hammadi, no Alto Egito, e no Mar Morto, os Evangelhos gnósticos, escritos em copta, que estão sendo reconstituídos e traduzidos. Temos, assim, entre outros, os Evangelhos de Tomé, de Felipe, de Pedro, de Bartolomeu, de Maria (Miriam de Mágdala). Por esses Evangelhos, que ainda estão sendo estudados e interpretados, questionados por alguns (A Igreja os qualifica de heréticos) e aceitos por outros, Jesus era casado ou vivia maritalmente com Maria Madalena.

O Evangelho de Maria, como o Evangelho de João e de Felipe, nos lembra que Jesus era capaz de intimidade com uma mulher. Esta intimidade não era somente carnal, ela era afetiva, intelectual, espiritual;

214 | José Naufel

trata-se mesmo de salvar, quer dizer, de tornar livre o ser humano em sua inteireza, e isto, introduzindo a consciência e o amor em todas as dimensões do seu ser. *O Evangelho de Maria* lembrando o realismo da humanidade de Jesus em sua dimensão sexuada, nada tira do realismo de sua dimensão espiritual, *pneumática* ou divina.[118]

A questão não é discutir se Jesus era casado ou não. A questão é saber se Jesus era realmente humano, de uma humanidade sexuada, normal, capaz de intimidade e preferência. E o Evangelho de Maria coloca a pergunta na boca de Pedro: "Será que ele a escolheu realmente e a preferiu a nós?"[119]

7. Relativamente aos milagres que teriam sido realizados por Jesus, explica Kardec, no livro *A Gênese*, capítulo XV:

> Os fatos que o Evangelho relata e que foram até hoje considerados milagrosos pertencem, na sua maioria, à ordem dos fenômenos psíquicos, isto é, dos que têm como causa primária as faculdades e os atributos da alma.
>
> O princípio dos fenômenos psíquicos repousa, como já vimos, nas propriedades do fluido perispiritual, que constitui o agente magnético; nas manifestações da vida espiritual durante a vida corpórea e depois da morte; e, finalmente, no estado constitu-

---

118. Jean-Yves Leloup, em *O Evangelho de Maria*, Editora Vozes, 7ª ed., p. 14.
119. Idem, ibidem, contracapa.

tivo dos espíritos e no papel que eles desempenham como força ativa da Natureza. Conhecidos estes elementos e comprovados os seus efeitos, tem-se, como consequência, de admitir a possibilidade de certos fatos que eram rejeitados enquanto se lhes atribuía uma origem sobrenatural.

Sem nada prejulgar quanto à natureza do Cristo, considerando-o apenas um espírito superior, não podemos deixar de reconhecê-lo um dos de ordem mais elevada e colocado, por suas virtudes, muitíssimo acima da humanidade terrestre. Pelos imensos resultados que produziu, a sua encarnação neste mundo forçosamente há de ter sido uma dessas missões que a divindade somente a seus mensageiros diretos confia, para cumprimento de seus desígnios. Mesmo sem supor que ele fosse o próprio Deus, mas unicamente um enviado de Deus para transmitir sua palavra aos homens, seria mais do que um profeta, porquanto seria um Messias divino.

Como homem, tinha a organização dos seres carnais; porém, como espírito puro, desprendido da matéria, havia de viver mais da vida espiritual, do que da vida corporal, de cujas fraquezas não era passível. A sua superioridade com relação aos homens não derivava das qualidades particulares do seu corpo, mas das do seu espírito, que dominava de modo absoluto a matéria e da do seu perispírito, tirado da parte mais quintessenciada dos fluidos terrestres (cap. XIV, nº. 9). Sua alma, provavelmente, não se achava presa ao corpo, senão pelos laços estritamente indispensáveis.

Constantemente desprendida, ela decerto lhe dava dupla vista, não só permanente, como de excepcional penetração e superior de muito à que de ordinário possuem os homens comuns. O mesmo havia de dar-se, nele, com relação a todos os fenômenos que dependem dos fluidos perispirituais ou psíquicos. A qualidade desses fluidos lhe conferia imensa força magnética, secundada pelo incessante desejo de fazer o bem.

Agiria como médium nas curas que operava? Poder-se-á considerá-lo poderoso médium curador? Não, porquanto o médium é um intermediário, um instrumento de que se servem os espíritos desencarnados e o Cristo não precisava de assistência, pois que era ele quem assistia os outros. Agia por si mesmo, em virtude do seu poder pessoal, como o podem fazer, em certos casos, os encarnados, na medida de suas forças. Que espírito, ao demais, ousaria insuflar-lhe seus próprios pensamentos e encarregá-lo de os transmitir?

8. Mas, a circunstância de ser um espírito puro não lhe tirava a natureza humana que assumira com a reencarnação. Há de compreender-se o Cristo como um ser de dupla natureza. Como Filho do Homem, ele era idêntico aos outros homens, capaz de levar vida comum, apenas isento das nossas imperfeições.

Capítulo XXI

A RESSURREIÇÃO E A ASCENSÃO DE JESUS

1. A ressurreição era tema versado entre os hebreus, embora não bem definido, porquanto o confundiam com reencarnação, como refere Kardec no seguinte trecho do capítulo IV de *O Evangelho segundo o Espiritismo*:

> [4] A reencarnação fazia parte dos dogmas dos judeus, sob o nome de ressurreição. Só os saduceus, cuja crença era a de que tudo acaba com a morte, não acreditavam nisso. As ideias dos judeus sobre esse ponto, como sobre muitos outros, não eram claramente definidas, porque apenas tinham vagas e incompletas noções acerca da alma e da sua ligação com o corpo. Criam eles que um homem que vivera podia reviver, sem saberem precisamente de que maneira o fato poderia dar-se. Designavam pelo termo ressurreição o que o espiritismo, mais judiciosamente, chama reencarnação. Com efeito, a

ressurreição dá ideia de voltar à vida o corpo que já está morto, o que a ciência demonstra ser materialmente impossível, sobretudo quando os elementos desse corpo já se acham desde muito tempo dispersos e absorvidos.

A reencarnação é a volta da alma ou espírito à vida corpórea, mas em outro corpo especialmente formado para ele e que nada tem de comum com o antigo. A palavra ressurreição podia assim aplicar-se a Lázaro, mas não a Elias, nem aos outros profetas. Se, portanto, segundo a crença deles, João Batista era Elias, o corpo de João não podia ser o de Elias, pois que João fora visto criança e seus pais eram conhecidos. João, pois, podia ser Elias reencarnado, porém, não ressuscitado.

2. Os Evangelhos falam da ressurreição de Jesus, que ocorreria no terceiro dia após sua morte. Essa ressurreição, porém, não era ressurreição no sentido de um morto retornar à vida com o mesmo corpo. Nem o retorno noutro corpo, o que seria reencarnação.

O próprio Jesus, no entanto, disse: "Mas, depois de eu ressuscitar, irei adiante de vós para a Galileia" (Mt 26,32).

Quando Maria Madalena e a outra Maria foram visitar o sepulcro, no domingo, um anjo desceu do céu e lhes disse: "Não tenhais medo! Sei que estais procurando Jesus, o crucificado. Não está aqui. Ressuscitou como tinha dito" (Mt, 28, 5).

Diante dessa e outras referências evangélicas, verifica-se que os judeus acreditavam de fato na ressurreição.

Mas, é preciso saber o que significava o termo *ressurreição*. Em relação a Jesus não poderia ser o retorno do corpo material à vida, como tinha acontecido com Lázaro. Este estava "morto" e retornou à vida. Na realidade, porém, Lázaro deve ter tido morte aparente, como acontecera nas outras ressurreições que Jesus operara: a da filha de Jairo e a do filho da viúva de Naim. Em relação à primeira, Jesus disse: *Esta menina não está morta, está apenas adormecida* (Mt, 9, 24).

3. O que ocorrera nesses casos não fora propriamente ressurreição. Teria havido ressurreição apenas aparentemente. Foram casos de letargia, isto é, morte aparente. *Esta menina não está morta, está apenas adormecida*, explicara o próprio Jesus, descartando a hipótese de morte.

4. E Jesus? Ressuscitou? Também não. Teve morte aparente? Com toda certeza, não. Com a sua morte efetiva, foi seu espírito que ressuscitou. Vale dizer, seu espírito desprendeu-se dos restos mortais e voltou ao plano extrafísico.

5. "**A morte é a ressurreição**, sendo a vida a prova buscada e durante a qual as virtudes que houverdes cultivado crescerão e se desenvolverão como o cedro" (Mensagem de *O Espírito de Verdade*, em *O Evangelho segundo o Espiritismo*, cap. VI, *Instruções dos espíritos*, 6).

Quer dizer, com a morte opera-se a ressurreição, isto é, o espírito se liberta do corpo material.

6. Pode-se perguntar, então, por que Jesus só ressuscitou ao terceiro dia? Por que não imediatamente após sua morte, se a ressurreição é a libertação da alma ou do espírito pela cessação da vida material?

É porque a prova da ressurreição seria sua aparição a Maria e aos Apóstolos. Ao afirmar que ressuscitaria ao terceiro dia, ele quis significar que apareceria no terceiro dia após sua morte. E foi o que aconteceu. É evidente que o desprendimento do seu espírito foi imediato à morte.

Depois que o anjo anunciou às duas Marias que Jesus ressuscitara e que seria visto na Galileia, "elas saíram correndo do túmulo, com medo e com grande alegria, e foram contar tudo aos discípulos. Mas Jesus veio ao encontro delas, dizendo: "Alegria, alegria!" Elas aproximaram-se e abraçaram-lhe os pés, prostrando-se diante dele. Então Jesus disse: "Não tenham medo! Anunciem a meus irmãos que devem ir para a Galileia e lá me verão" (Mt, 28, 8 a 10).

Vê-se, portanto, que Jesus só fo'ra visto pela primeira vez três dias após o sepultamento, não com o corpo carnal, mas revestido apenas do perispírito, o corpo espiritual, materializado (*ectoplasmia*).

7. Assim, para a teologia espírita, a ressurreição é do espírito. Todos nós ressuscitamos após a morte. Voltamos a ser espíritos e a viver na erraticidade até que venhamos a reencarnar ou ter outro destino.

8. Quanto ao dogma da ascensão de outras óticas

teológicas, se constitui na crença de que Jesus, após despedir-se de seus discípulos, subiu aos céus em corpo e alma.

Mateus narra como isso sucedeu:

> Finalmente, apareceu aos Onze quando estavam à mesa, e repreendeu-os por sua incredulidade e dureza de coração, porque não tinham acreditado naqueles que o viram ressuscitado dos mortos. E disse-lhes: Ide pelo mundo todo! Proclamai o Evangelho a toda criatura! Quem crer e for batizado será salvo. Quem não crer será condenado. Estes são os prodígios que acompanharão os que creem: em meu nome expulsarão demônios, falarão línguas novas, pegarão em serpentes, e nada sofrerão se beberem algum veneno, imporão as mãos sobre os doentes e estes ficarão curados.
>
> O Senhor Jesus, depois de lhes falar assim, **foi elevado ao céu e sentou-se à direita de Deus.** (Mat., 16, 14 a 19)

9. Marcos escreveu parecido: "O Senhor Jesus, depois de lhes falar assim, **foi elevado ao céu e sentou-se à direita de Deus**" (Mc, 16, 19).

10. Lucas também descreve a ascensão: "Depois os levou até perto de Betânia e, erguendo as mãos, abençoou-os". "E enquanto os abençoava, separou-se deles e **foi elevado ao céu**" (Lc, 24, 50 e 51).

11. É verdade que nenhum desses evangelistas disse

textualmente que Jesus foi elevado ao céu em corpo e alma. Mas, a igreja e a tradição assim proclamam.

Isso, no entanto, não seria possível. Primeiro, porque o céu não tem localização geográfica. Ele é uma abstração, um estado d'alma. Segundo, porque ele não é material, pelo que nele não poderia entrar um ser material. Terceiro, porque Jesus, ao ressuscitar, só estava revestido do corpo espiritual, tendo ficado na Terra seu corpo carnal.

12. Para a teologia espírita, a ascensão do Cristo foi puramente vibratória, o contrário do que ele fizera para reencarnar. Ele não poderia retornar à comunidade dos espíritos puros, isto é, à condição angélica com o perispírito grosseiro de que tivera de se revestir na Terra. Teria de readquirir condições vibratórias adequadas a um espírito puro. É isso que significa a expressão: **foi elevado ao céu.** Quanto à outra expressão: **"e sentou-se à direita de Deus"** quer dizer que ele voltou ao mundo divino, para retomar sua condição de anjo do Senhor e cocriador no plano maior.

Capítulo XXII

MARIA, JESUS E JOSÉ: A SAGRADA FAMÍLIA

1. PARA A TEOLOGIA espírita, Maria não tem o caráter que lhe atribuem outras teologias, principalmente a católica, que a apresenta como a virgem Maria. Esse conceito parece se ter originado do fato de ela ter sido, segundo alguns, uma das virgens do Templo de Salomão. Poder-se-ia ter originado também do Evangelho de Lucas, quando narra a Anunciação. Maria pergunta ao anjo Gabriel, quando lhe anuncia que vai ser mãe: "Como pode ser isso se não conheço homem?" (Lc, 1,34).

2. Mateus, sobre o mesmo assunto, relata: "Assim aconteceu o nascimento de Jesus. Maria, sua mãe, era noiva de José e, antes de viverem juntos, ela ficou grávida por obra do Espírito Santo. José, seu noivo, sendo uma pessoa de bem, não quis que ela ficasse com o nome manchado e resolveu abandoná-la sem ninguém saber".

Enquanto planejava isso, teve um sonho em que lhe apareceu um anjo do Senhor para dizer-lhe: "José, filho de Davi, não tenha dúvida em receber Maria como esposa, porque a criança que ela tem em seu seio vem do Espírito Santo". "Ela terá um filho e você vai dar-lhe o nome de Jesus, pois salvará o povo dos seus pecados". Tudo isso aconteceu para que se cumprisse o que o Senhor falou pelo profeta com as palavras: "*A virgem conceberá e dará à luz um filho, a quem chamarão Emmanuel,* nome que significa "Deus Conosco".

O CASAMENTO ENTRE OS JUDEUS

3. Naquele tempo, entre os judeus, o casal ficava noivo e esperava um ano para coabitar. Por isso, o evangelista assinala que Maria ficou grávida por obra do Espírito Santo, **antes de viverem juntos**, isto é, antes de seu casamento com José consumar-se. Isso, porém, não quer dizer que essa versão evangélica seja correta. Os Evangelhos são uma das fontes da teologia, mas convém observar que nem tudo o que eles relatam seja fidedigno.

OS EVANGELHOS SINÓTICOS

4. Os Evangelhos canônicos, que constituem a Vulgata, elaborada por São Jerônimo por determinação do papa Dâmaso, são os Evangelhos oficiais da Igreja.

Mas, São Jerônimo teve, não só de traduzir para o

latim os textos de diversas línguas, como também de escolhê-los, selecionando-os entre duzentos ou trezentos originais que existiam na época. Tanto que, em carta ao papa Dâmaso, confessou a dificuldade que teve em realizar esse trabalho, isto é, o de optar entre tantos textos para eleger apenas quatro. E confessou que se sentiu perturbado pelo fato de ter de escolher um texto **possivelmente muito diferente daqueles que os cristãos estavam acostumados a ler**.

Múltiplos são os Evangelhos, mas não se pode afirmar que reproduzam fielmente os fatos.

Por outro lado, a igreja haveria de querer preservar a tese da virgindade de Maria, para confirmar a versão de que ela ficara grávida por obra do Espírito Santo. Isso significava também a divindade do nascituro. E São Jerônimo deve ter-se empenhado em preservar ambas as teses.

5. É difícil reconstituir-se o que aconteceu há dois milênios, uma época em que não havia imprensa, nem máquina de escrever, nem computador. Os escritos eram manuscritos em papiros e pergaminhos. Os autores dos textos podem ter testemunhado ou não os fatos, da mesma maneira que podem ter sido fiéis, ou não, à verdade histórica e às circunstâncias da época.

6. Por outro lado, não há registros históricos. O próprio Jesus não consta da História oficial, a não ser como fundador do cristianismo. Mas, quanto à sua vida pessoal, nela nada se encontra. Em termos de teologia, te-

mos de nos ater principalmente à revelação e, subsidia-
riamente, à tradição.

OS EVANGELHOS GNÓSTICOS

7. A partir de 1945, vêm sendo descobertos escritos
dos dois ou três primeiros séculos do cristianismo, em
Nag-Hammadi, no Alto Egito e no Mar Morto.

São textos surpreendentes atribuídos a Tomé, Tiago,
Felipe, Miriam de Magdala e outros contemporâneos de
Jesus e de seus discípulos.

São os Evangelhos gnósticos, com revelações novas,
que estão sendo estudados. Esses Evangelhos podem ser
incluídos entre as fontes da teologia?

O teólogo se vê à frente de um material diversificado
e amplo, o que ocasiona as divergências das teses defendidas pelas diversas óticas teológicas. Mas, só podemos
considerar como fontes os documentos que tenham sido
aceitos como verdadeiros e dignos de fé. Por enquanto, os Evangelhos gnósticos podem ser tidos como fontes subsidiárias.

8. Os gnósticos ainda estão sendo analisados pelos
teólogos de óticas diversas. Ainda não temos conclusões
definitivas, mas tudo indica que eles não têm por que ser
ignorados. Alguns estudiosos já apontam certa concordância com os sinóticos, ou destes com aqueles. Veja-se,
por exemplo, o que escreve Hermínio Miranda:

Observei há pouco que o *Evangelho de João* é o mais gnóstico dos evangelhos; em verdade, porém, parece mais correto dizer que o texto atribuído a João não é apenas o mais gnóstico, e sim, um texto gnóstico que acabou por acomodar-se ao lado dos sinóticos, preservando sua identidade e suas características de origem. O quarto evangelho foi elaborado dentro de plano de trabalho diverso daquele que servia aos sinóticos, com outras diretrizes e concepções, ainda que preservando os ensinamentos básicos de Jesus.

Ele tem a estrutura, as imagens, o tom, o estilo e o conteúdo de um documento gnóstico. O Cristo parece falar nele de uma posição póstuma, por via mediúnica, a um grupo atento de ouvintes que nem sempre alcançam toda a profundidade do seu pensamento, como, aliás, acontecia também enquanto ele viveu na carne.[120]

9. Por aí se vê a importância dos gnósticos, embora ainda seja um pouco cedo para uma conclusão definitiva. Por outro lado, não se pode aceitar cegamente tudo o que consta dos evangelhos canônicos.

O TEMA DA VIRGINDADE DE MARIA

10. A virgindade de Maria antes, durante e depois do parto, como ensina o catecismo, não pode ser aceita pela teologia espírita. Esta só aceita aquilo que não é contrário à ciência e à razão. Por isso, não se pode admi-

---

120. Hermínio C. Miranda, em *O evangelho gnóstico de Tomé,* Publicações Lachâtre, 2ª ed., pp. 150 e 151.

tir que Maria tenha engravidado a não ser pelos meios sexuados normais, nem que tenha permanecido virgem após o parto, nem que tenha concebido por obra do Espírito Santo.

11. Para o espiritismo, Maria é considerada um espírito superior, que reencarnou na Terra com a missão de ser mãe do Messias. Não era um espírito puro como Jesus, mas um espírito superior, que possuía as qualidades necessárias para o desempenho de tão elevada missão.

12. Do ponto de vista humano era uma mulher comum dotada de muitas virtudes, em decorrência da elevação do seu espírito. Era cumpridora de seus deveres e desempenhava seu papel no seio da família com amor e responsabilidade. Agia como toda esposa e mãe consciente, amava seu marido e o dignificava, bem como cumpria o que estava na lei.

13. Seu comportamento era o normal de toda mãe de família consciente. Assim, os Magos "entraram na casa e viram o Menino com Maria, sua mãe" (Mt, 2, 11); juntamente com José, Maria, quando se completara os dias para eles se purificarem, levou Jesus a Jerusalém, para apresentá-lo ao Senhor, no Templo (Lc, 2, 22 e 23); sempre com José, levou, Jesus a Jerusalém para a festa da Páscoa (Lc, 2, 42); afligiu-se quando o menino não foi encontrado na comitiva na volta e alegrou-se quando o encontrou entre os Doutores; emocionada, lhe pergun-

tou: "Filho, por que você fez isso conosco? Seu pai e eu o estávamos procurando, cheios de aflição..." (Lc, 2, 48); nas bodas de Caná, para a qual ela, Jesus e seus discípulos tinham sido convidados, tendo acabado o vinho, afligiu-se pelo noivo e disse a Jesus: "Eles não têm mais vinho", levando o filho a transformar água em vinho (Jo, 2, 2); acompanhou, com o coração apunhalado, a Via Crucis e, "quando Jesus viu sua mãe e perto dela o discípulo que amava, disse à sua mãe: "Mulher, eis aí teu filho." Depois disse ao discípulo: "Eis aí tua mãe" (Jo, 19, 26 e 27). Assim, Maria foi confirmada como nossa mãe.

Narra João que depois dessa hora em diante, o discípulo a levou para sua casa (19, 27), onde viveu o resto de seus dias.

14. A assunção de Maria aos céus em corpo e alma é um mito. Ela ressurgiu dos mortos, sim, em espírito e certamente foi recebida triunfalmente no Reino de Deus, envolta no carinho do seu filho amado.

15. José era noivo de Maria e a levou para sua casa, consumando o casamento, após ter tido o sonho em que o anjo lhe dizia para não ter dúvida em tomá-la por esposa (Mt, 1, 20 e 21).

Os Evangelhos fazem referência aos irmãos e às irmãs de Jesus, chegando mesmo a citar os nomes dos irmãos: Tiago, José, Judas e Simão (Mt, 13, 55; Mc, 6, 3), embora não o tenham feito relativamente às irmãs. Mateus pergunta, referindo-se a Jesus: "E suas irmãs, não moram todas aqui no nosso meio?" Ora, se Jesus tinha irmãos e irmãs e sendo José e Maria casados, vivendo juntos em plena harmonia e amando-se reciprocamente, por que não considerar que os irmãos de Jesus eram filhos do casal?

Cumpre registrar que alguns teólogos aventam a hipótese de que José seria viúvo e tinha filhos do seu primeiro matrimônio. Outros sugerem que, no conceito dos judeus de família ampliada, os primos de Jesus seriam tidos como irmãos, não o sendo, no entanto, no sentido jurídico do termo.

16. José e Maria levavam vida normal, podendo, portanto, ter outros filhos além de Jesus. Nesse terreno, tudo são hipóteses e conjecturas. O que importa mesmo é que Maria é a mãe de Jesus e que José era o marido dela.

O problema surge com a ideia de que Maria teria concebido por obra do Espírito Santo, não sendo sua gravidez um fato normal, e sim, miraculoso. Mas, se afirmarmos que Jesus era filho carnal, isso não implica em negar sua condição de espírito puro que encarnou na Terra, após fazer a necessária descida vibratória.

17. Registre-se, também, que uma minoria espírita aceita que Maria era realmente virgem e que sua gravidez tenha sido apenas aparente. O corpo de Jesus, para essa minoria, não seria carnal e, sim, fluídico, "em estado de tangibilidade, semelhante ao do homem terreno, mas não da mesma natureza".[121]

Os adeptos dessa tese têm-na como a *Nova revelação*

---

121. V. Guillon Ribeiro, *Jesus, nem Deus nem homem*, FEB, 4ª ed., p. 63.

da revelação espírita, segundo a denominam os Evangelistas na obra mediúnica recebida por J. B. Roustaing.

18. Essa teoria, no entanto, implica em Jesus ter representado uma farsa, simulando ser carnal, ao alimentar-se apenas aparentemente, bem como a ser fisiologicamente igual aos outros homens. Diante da razão, é uma concepção inaceitável. No espiritismo, porém, não temos um chefe que fixe posições doutrinárias obrigatórias para os espíritas.

19. Note-se, porém, que a doutrina espírita se constitui da revelação codificada por Allan Kardec. Não se pode negar que a ela, devido ao seu caráter progressivo, se podem incorporar novas revelações, desde que passem pelo crivo da razão e que não sejam incompatíveis com a codificação kardequiana, com a moral e com a ciência.

Kardec, referindo-se a Jesus, escreveu em *A Gênese*, cap. XIV, nº 2:

> Como homem, tinha a organização dos seres carnais; porém, como espírito puro, desprendido da matéria, havia de viver mais da vida espiritual, do que da vida corporal, de cujas fraquezas não era passível. A sua superioridade com relação aos homens não derivava das qualidades particulares do seu corpo, mas das do seu espírito, que dominava de modo absoluto a matéria e da do seu perispírito, tirado da parte mais quintessenciada dos fluidos terrestres (cap. XIV, nº 9). Sua alma, provavelmente,

não se achava presa ao corpo, senão pelos laços estritamente indispensáveis.

Vê-se, assim, que implicitamente Kardec rejeitava a teoria do corpo fluídico.

JOSÉ, O CARPINTEIRO

20. José era um homem justo e trabalhador, um chefe de família exemplar. Vivia em Nazaré, onde era carpinteiro, provendo sempre e com eficiência as necessidades de Maria e Jesus. Este o ajudava no seu ofício, que aprendeu com ele.

José, no entanto, não era um carpinteiro no sentido usado hodiernamente, nem mesmo um simples marceneiro. Era mais do que isso. Era um artesão da madeira, fazendo não só móveis, mas até mesmo estruturas de casas. Era uma espécie de engenheiro e arquiteto lavrando a madeira. É possível que tenha sido empreiteiro em muitas obras em que a madeira era básica.[122]

21. José amava Maria e era muito atencioso com ela, com quem era extremamente solidário. A tradição o aponta como muito carinhoso com Jesus, de quem foi exemplar educador. Como chefe da sagrada família se constitui no modelo do pai de família.

---

122. V. Leonardo Boff, em *São José, a personificação do Pai,* Verus Editora, cap. *José, o artesão- carpinteiro,* pp. 44 e 45.

Capítulo XXIII

O Consolador

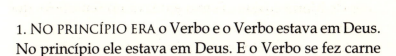

1. NO PRINCÍPIO ERA o Verbo e o Verbo estava em Deus. No princípio ele estava em Deus. E o Verbo se fez carne e habitou entre nós (Jo, 1, 1 e 14).

E chamou-se Yeshua ou Jesus, o Cristo. Ele proclamou:

> Não penseis que eu tenha vindo destruir a lei ou os profetas:
> Não os vim destruir, mas cumpri-los: – porquanto, em verdade vos digo que o céu e a Terra não passarão, sem que tudo o que se acha na lei esteja perfeitamente cumprido, enquanto reste um único iota e um único ponto. (Mt. cap. V, vv. 17 e 18).

2. Com essas palavras, Jesus afirma que não veio destruir o que era antes dele. A lei do Pai é eterna. Apenas sua revelação tem que ser ampliada, à medida que os

homens evoluem. E tem de ser escoimada das más interpretações que lhe deem.

"Na lei mosaica, há duas partes distintas: a lei de Deus, promulgada no monte Sinai, e a lei civil ou disciplinar, decretada por Moisés. Uma é invariável; a outra apropriada aos costumes e ao caráter do povo, se modifica com o tempo" (*O Evangelho segundo o Espiritismo*, cap. I, 2).

Jesus não veio destruir a lei de Deus (em sentido amplo); veio cumpri-la, isto é, desenvolvê-la, dar-lhe o verdadeiro sentido e adaptá-la ao grau de adiantamento espiritual dos homens. Por isso é que se nos depara, nessa lei, o princípio dos deveres para com Deus e para com o próximo, base da sua doutrina (*Idem*).

3. O cristianismo não invalida o judaísmo, e sim, lhe dá seguimento, aperfeiçoando-o. E o espiritismo? Opõe-se ao cristianismo? Absolutamente não. O espiritismo é o cristianismo redivivo.

> O espiritismo é a ciência nova que vem revelar aos homens, por meio de provas irrecusáveis, a existência e a natureza do mundo espiritual e as suas relações com o mundo corpóreo. Ele no-lo mostra, não mais como coisa sobrenatural, porém, ao contrário, como uma das forças vivas e sem cessar atuantes da Natureza, como a fonte de uma imensidade de fenômenos até hoje incompreendidos e, por isso, relegados para o domínio do fantástico e do maravilhoso. É a essas relações que o Cristo alude em muitas circunstâncias e daí vem que muito do que ele disse

Os mistérios do Universo | 235

permaneceu ininteligível ou falsamente interpretado. O espiritismo é a chave com o auxílio da qual tudo se explica de modo fácil (*Idem*).

Também o espiritismo diz: "Não venho destruir a lei cristã, mas dar-lhe execução." Nada ensina em contrário ao que ensinou o Cristo; mas, desenvolve, completa e explica, em termos claros e para toda gente, o que foi dito apenas sob forma alegórica. Vem cumprir, nos tempos preditos, o que o Cristo anunciou e preparar a realização das coisas futuras. Ele é, pois, obra do Cristo, que preside, conforme igualmente o anunciou, à regeneração que se opera e prepara o reino de Deus na Terra" (*Idem*).

4. Com efeito, Jesus anunciou e prometeu o advento do espiritismo, conforme se vê na seguinte passagem do Evangelho de João:

> Se me amais, guardai os meus mandamentos; e eu rogarei a meu Pai e ele vos enviará outro Consolador, a fim de que fique eternamente convosco: – O Espírito de Verdade, que o mundo não pode receber, porque o não vê e absolutamente o não conhece. Mas, quanto a vós, conhecê-lo-eis, porque ficará convosco e estará em vós. – Porém, o Consolador, que é o santo espírito, que meu Pai enviará em meu nome, vos ensinará todas as coisas e vos fará recordar tudo o que vos tenho dito. (João, cap. XIV, vv. 15 a 17 e 26.)
>
> Jesus promete outro consolador: o Espírito de Verdade, que o mundo ainda não conhece, por não

estar maduro para compreendê-lo, consolador que o Pai enviará para ensinar todas as coisas e para relembrar o que o Cristo há dito. Se, portanto, o Espírito de Verdade tinha de vir mais tarde ensinar todas as coisas, é que o Cristo não dissera tudo; se ele vem relembrar o que o Cristo disse, é que o que este disse foi esquecido ou mal compreendido (*O Evangelho segundo o Espiritismo, ibidem*).

O espiritismo vem, na época predita, cumprir a promessa do Cristo: preside ao seu advento o Espírito de Verdade. Ele chama os homens à observância da lei; ensina todas as coisas fazendo compreender o que Jesus só disse por parábolas.

Advertiu o Cristo: "Ouçam os que têm ouvidos para ouvir." O espiritismo vem abrir os olhos e os ouvidos, porquanto fala sem figuras, nem alegorias; levanta o véu intencionalmente lançado sobre certos mistérios. Vem finalmente, trazer a consolação suprema aos deserdados da Terra e a todos os que sofrem, atribuindo causa justa e fim útil a todas as dores (*Idem*, cap. VI).

5. Kardec fez inscrever, a título de prefácio de *O Evangelho segundo o Espiritismo*, a seguinte mensagem:

Os espíritos do Senhor, que são as virtudes dos Céus, qual imenso exército que se movimenta ao receber as ordens do Seu comando, espalham-se por toda a superfície da Terra e, semelhantes a estrelas cadentes, vêm iluminar os caminhos e abrir os olhos aos cegos.

Eu vos digo, em verdade, que são chegados os tempos em que todas as coisas hão de ser restabelecidas no seu verdadeiro sentido, para dissipar as trevas, confundir os orgulhosos e glorificar os justos.

As grandes vozes do Céu ressoam como sons de trombetas, e os cânticos dos anjos se lhes associam. Nós vos convidamos, a vós homens, para o divino concerto. Tomai da lira, fazei uníssonas vossas vozes, e que, num hino sagrado, elas se estendam e repercutam de um extremo a outro do Universo.

Homens, irmãos a quem amamos, aqui estamos junto de vós. Amai-vos, também, uns aos outros e dizei do fundo do coração, fazendo as vontades do Pai, que está no Céu: Senhor! Senhor!... e podereis entrar no reino dos Céus. (O Espírito de Verdade).

6. O espiritismo possui tríplice aspecto; filosófico, científico e religioso. É religioso naquilo em que faz a religação dos homens com Deus. Porque completa a revelação da lei de Deus, principalmente as leis morais. Ele é o cristianismo redivivo. Esclarece o que ficou oculto naquilo que Jesus ensinou por meio de parábolas e diz o que ele não pôde dizer. Completa a revelação crística. A revelação é contínua e gradativa, de acordo com a evolução espiritual da humanidade.

7. A teologia segundo a ótica espírita estuda o aspecto religioso do espiritismo, principalmente no que diverge das outras concepções teológicas.

Foi o que procuramos fazer neste livro, que esperamos, abra caminho para outros estudos mais completos e esclarecedores.

VOCÊ PRECISA CONHECER

A vingança do judeu
Vera Kryzhanovskaia / J. W. Rochester (espírito)
Romance mediúnico • 16x22,5 • 424 pp.

O clássico romance de Rochester agora pela EME, com nova tradução, retrata em cativante história de amor e ódio, os terríveis fatos causados pelos preconceitos de raça, classe social e fortuna e mostra ao leitor a influência benéfica exercida pelo espiritismo sobre a sociedade.

Peça e receba – o Universo conspira a seu favor
José Lázaro Boberg
Estudo • 16x22,5 cm • 248 pp.

José Lázaro Boberg reflete sobre a força do pensamento, com base nos estudos desenvolvidos pelos físicos quânticos, que trouxeram um volume extraordinário de ensinamentos a respeito da capacidade que cada ser tem de construir sua própria vida, amparando-se nas Leis do Universo.

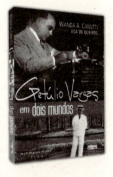

Getúlio Vargas em dois mundos
Wanda A. Canutti / Eça de Queirós (espírito)
Romance mediúnico • 16x22,5 • 344pp.

Getúlio Vargas realmente suicidou-se? Como foi sua recepção no mundo espiritual? Qual o conteúdo da nova carta à nação, escrita após sua desencarnação? Saiba as respostas para estas e outras perguntas, agora em uma nova edição, com nova capa, novo formato e novo projeto gráfico.

Não encontrando os livros da EME na livraria de sua preferência, solicite o endereço de nosso distribuidor mais próximo de você através de
Fones: (19) 3491-7000 / 3491-5449
(claro) 99317-2800 (vivo) 99983-2575 📞
E-mail: vendas@editoraeme.com.br – Site: www.editoraeme.com.br

Este livro foi impresso na Editora EME,
sendo tiradas duas mil cópias, todas em
formato fechado 140x210mm e com mancha
de 100x160mm. Os textos foram compostos
nas fontes Book Antiqua e Trajan Pro.

Outubro de 2018